BLOCKCHAIN E REGULAÇÃO

PERSPETIVAS DE UMA REGULAÇÃO DE VALORES MOBILIÁRIOS SOB A FORMA DE CRIPTOATIVOS

BLOCKCHAIN E REGULAÇÃO

PERSPETIVAS DE UMA REGULAÇÃO DE VALORES MOBILIÁRIOS SOB A FORMA DE CRIPTOATIVOS

2024

Andreea Babicean

ALMEDINA

BLOCKCHAIN E REGULAÇÃO
PERSPETIVAS DE UMA REGULAÇÃO DE VALORES MOBILIÁRIOS SOB A FORMA DE CRIPTOATIVOS

AUTORA
Andreea Babicean

EDITOR
EDIÇÕES ALMEDINA, S.A.
Avenida Emídio Navarro, 81, 3D
3000-151 Coimbra
Tel.: 239 851 904 · Fax: 239 851 901
www.almedina.net · editora@almedina.net

DESIGN DE CAPA
EDIÇÕES ALMEDINA, S.A.

PRÉ-IMPRESSÃO
Patrícia Boleto

IMPRESSÃO E ACABAMENTO
AAAAAAAAA

Março, 2024

ISBN
978-989-40-1774-5

DEPÓSITO LEGAL
000000/24

ALMEDINA | GRUPOALMEDINA

NOTA PRÉVIA

O texto que agora se publica corresponde, com alterações, à Dissertação de Mestrado apresentada na Faculdade de Direito da Universidade de Coimbra em 31 de outubro de 2021 e defendida em provas públicas a 15 de dezembro de 2021.

O Júri foi composto pela Professora Doutora Maria Matilde Costa Lavouras, que orientou o estudo, pela Professora Doutora Teresa Maria Coelho Marques de Almeida Moura Ramos, que realizou a arguição, e pelo Professor Dr Felipe Figueiredo Martins.

As alterações introduzidas correspondem, no essencial, à atualização da bibliografia e da Dissertação por referência à legislação em vigor, com principal destaque para a publicação do Regulamento DLT, do Regulamento DORA e do Regulamento MiCA.

Um especial agradecimento à Professora Doutora Maria Matilde Costa Lavouras, uma verdadeira inspiração, cuja presença ao longo do meu percurso académico foi marcante e decisiva. Matilde Lavouras foi quem me despertou o interesse pelo Direito Financeiro e me deu a conhecer o tema da tecnologia *blockchain*, que viria a tornar-se o cerne de uma investigação que culminaria com esta Dissertação.

Um especial agradecimento ao Paulo Câmara por todos os ensinamentos, apoio e disponibilidade que sempre demonstrou e que foram fundamentais na conclusão deste percurso.

Mas, principalmente, um especial agradecimento à Iliana, ao Mihai e ao Andrei, mãe, pai e irmão, sem os quais não teria iniciado e concluído este meu percurso. E também ao Gabriel, que esteve ao meu lado em todos os momentos e contribuiu para que tudo fosse melhor, mais fácil e mais feliz.

SUMÁRIO

No âmbito da tecnologia *blockchain*, que serve de base à emissão, transmissão e armazenamento de criptoativos e na sequência de diversas intervenções no seio da União Europeia, foi finalmente aprovado um quadro regulatório dos mercados de criptoativos (Regulamento MiCA). Contudo, este quadro regulatório exclui do seu âmbito de aplicação os criptoativos qualificáveis como valores mobiliários. Deste modo, propusemo-nos a analisar as perspetivas da regulação para os valores mobiliários sob a forma de criptoativos a partir de duas óticas diferentes, mas necessariamente relacionadas: uma conceptual e outra pragmática. A análise realizada permitiu evidenciar que as eventuais dificuldades na qualificação de criptoativos como valores mobiliários não consubstanciam um problema específico dos criptoativos, mas antes, prendem-se com a insatisfação terminológica do conceito base de «valor mobiliário». Noutro prisma, a análise realizada permitiu apurar que a legislação europeia existente em matéria de serviços financeiros não foi concebida para a utilização da DLT, nomeadamente de *blockchain*, pelo que a mesma não é tecnologicamente neutra. Existem desafios regulatórios, nomeadamente, em matéria de registo de titularidade de valores mobiliários sob a forma de criptoativos, cibersegurança e comercialização em mercado secundário. Por fim, e dada a sua importância, não se descurou o tema da sustentabilidade ambiental no âmbito da regulação financeira dos valores mobiliários sob a forma de criptoativos, donde resultou a necessidade de serem tidos em conta, nesta regulação, aspetos específicos da tecnologia *blockchain* (ou outra DLT) subjacente.

Palavras-Chave: *Blockchain;* Criptoativos; DLT; DMIF II; Fatores de Sustentabilidade; Mercados de Instrumentos Financeiros; Neutralidade Tecnológica; Valores Mobiliários.

ABSTRACT

With blockchain in mind, a technology that is used to issue, transfer and store crypto-assets and following several official publications within the framework of the European Union about the subject, it was finally approved a regulation for the markets in crypto-assets (Regulation MiCA). However, this regulation does not apply to crypto-assets that may qualify as securities. Thus, we analysed the perspectives of regulation for securities in crypto-asset form in two different ways, conceptually and pragmatically. This analysis showed us that there are difficulties in the qualification of crypto-assets as securities, however this is not a problem specific to the crypto-assets but a consequence of an absence of agreeability on the basic definition of securities. We were able to establish that the existing European legislation about financial services is not technologically neutral, meaning it was not conceived with DLT in mind, including blockchain. Therefore, there are regulatory challenges, notably, regarding ownership registry of securities in crypto-asset form, cybersecurity and trading on the secondary market. Finally, due to its importance, environmental sustainability has also been addressed in the context of financial regulation of securities in crypto-asset form, resulting in the need to take into account, in this regulation, specific aspects of the underlying blockchain (or other DLT) technology.

Key-Words: Blockchain; Crypto-assets; DLT; Markets in Financial Instruments; MiFID II; Securities; Sustainability Factors; Technological Neutrality.

PRINCIPAIS SIGLAS E ABREVIATURAS UTILIZADAS

BC/FT	– Branqueamento de Capitais e Financiamento do Terrorismo
CDS	– *Central Securities Depository*
CSRD	– Diretiva (UE) 2022/2464 do Parlamento Europeu e do Conselho, de 14 de dezembro de 2022, no que diz respeito ao relato de sustentabilidade das empresas
CVM	– Código dos Valores Mobiliários, aprovado pelo Decreto-Lei n.º 486/99, de 13 de novembro
DLT	– *Distributed ledger technology*
DMIF II	– Diretiva 2014/65/UE do Parlamento Europeu e do Conselho, de 15 de maio de 2014, relativa aos mercados de instrumentos financeiros
EBA	– *European Banking Authority*
ESMA	– *European Securities Markets Authority*
FinTech	– *Financial Technology*
ICO	– *Initial Coin Offerings*
Regulamento Centrais de Valores Mobiliários	– Regulamento (UE) n.º 909/2014 do Parlamento Europeu e do Conselho, de 23 de julho de 2014, relativo à melhoria da liquidação de valores mobiliários na União Europeia e às Centrais de Valores Mobiliários

Regulamento *Crowdfunding*	– Regulamento (UE) 2020/1503 do Parlamento Europeu e do Conselho, de 7 de outubro de 2020, relativo aos prestadores europeus de serviços de financiamento colaborativo às entidades
Regulamento DLT	– Regulamento (UE) 2022/858 do Parlamento Europeu e do Conselho, de 30 de maio de 2022, relativo a um regime-piloto para as infraestruturas de mercado baseadas na tecnologia de registo distribuído
Regulamento DORA	– Regulamento (UE) 2022/2554 do Parlamento Europeu e do Conselho, de 14 de dezembro de 2022, relativo à resiliência operacional digital do setor financeiro
Regulamento MiCA	– Regulamento (UE) 2023/1114 do Parlamento Europeu e do Conselho, de 31 de maio de 2023, relativo aos mercados de criptoativos
Regulamento SFDR	– Regulamento (UE) 2019/2088 do Parlamento Europeu e do Conselho de 27, de novembro de 2019, relativo à divulgação de informações relacionadas com a sustentabilidade no setor dos serviços financeiros
Regulamento Taxonomia	– Regulamento (UE) 2020/852 do Parlamento Europeu e do Conselho, de 18 de junho de 2020, relativo ao estabelecimento de um regime para a promoção do investimento sustentável

ÍNDICE

"The conjunction between digitalization of an enormous amount of data, algorithmic techniques, and development of computer power is producing effects in the legal world ...

leaving much of what will happen in the coming years and decade quite unpredictable and, at the same time, fascinating"[1].

MICHEL CANNARSA

"The law needs to respond to this new digital reality – a hybrid world of physical and data-based dimensions"[2].

SJEF VAN ERP

[1] MICHEL CANNARSA, *Contract Interpretation*, em Larry A. Dimatteo/ Michel Cannarsa/ Cristina Poncibò (eds.), *The Cambridge Handbook of Smart Contracts, Blockchain Technology and Digital Platforms*, Cambridge University Press: Cambridge (2020), 102-117 (102-103).

[2] LARRY A. DIMATTEO, MICHEL CANNARSA, CRISTINA PONCIBÒ, *Smart Contracts and Contract Law*, em Larry a. Dimatteo/ Michel Cannarsa/ Cristina Poncibò (eds.), *The Cambridge Handbook of Smart Contracts, Blockchain Technology and Digital Platforms*, cit., 3-18 (16).

INTRODUÇÃO

A digitalização e a utilização de novas tecnologias continuam a crescer, nomeadamente impulsionadas pelo impacto da COVID-19, trazendo consigo ganhos de eficiência para as empresas e para as pessoas, mas também novos desafios para os reguladores[3].

Na área financeira, a evolução tecnológica tem sido muito rápida. Em particular no mercado de instrumentos financeiros, a *blockchain* é uma das tecnologias com maior impacto, que serve de base à emissão, transmissão e armazenamento de criptoativos[4].

Depois de muitas hesitações e na sequência de inúmeras publicações oficiais no seio da União Europeia[5], a evolução legislativa deu um salto, iniciado com a publicação pela Comissão Europeia, em setembro de 2020, de um conjunto de propostas legislativas inseridas no pacote «Financiamento Digital»[6], que culminou com a adoção pelas instituições europeias do Regulamento (UE) 2023/1114 do Parlamento Europeu e do Conselho, de 31 de maio de 2023, relativo aos mercados de criptoativos e que altera os Regulamentos (UE) n.º 1093/2010 e (UE)

[3] Cf. ESMA, *Report on Trends, Risks and Vulnerabilities*, No. 2 (2021), 5.

[4] Foi o surgimento, em 2009, de Bitcoin, o criptoativo mais conhecido, que deu a conhecer ao mundo a tecnologia *blockchain* que lhe subjaz. Cf. Satoshi Nakamoto, *Bitcoin: A peer-to-peer Electronic Cash System*, (2008).

[5] Por exemplo, vide EBA, *Report with advice for the European Commission on crypto-assets*, (2019); ESMA, *Advice on Initial Coin Offerings and Crypto-Assets*, (2019); Marek Dabrowski/ Lukasz Janikowski, *Virtual currencies and central banks monetary policy: challenges ahead*, (2018); SMSG, *Advice to ESMA, Own Initiative Report on Initial Coin Offerings and Crypto-Assets*, (2018).

[6] Cf. Comissão Europeia, *Communication, Digital finance package*, (2020).

n.º 1095/2010 e as Diretivas 2013/36/UE e (UE) 2019/1937 («Regulamento MiCA») e do Regulamento (UE) 2022/858 do Parlamento Europeu e do Conselho, de 30 de maio de 2022, relativo a um regime-piloto para as infraestruturas de mercado baseadas na tecnologia de registo distribuído e que altera os Regulamentos (UE) n.º 600/2014 e (UE) n.º 909/2014 e a Diretiva 2014/65/EU («Regulamento DLT»).

Alcançamos, assim, *um ponto de chegada* com o Regulamento MiCA que visa dar resposta a problemas identificados e criar um quadro da União Europeia que torne possíveis os mercados de criptoativos, excluindo, contudo, os que se qualificam como instrumentos financeiros. Ao mesmo tempo, encontramo-nos *num ponto de partida* com o Regulamento DLT que visa identificar com precisão os aspetos do quadro regulatório europeu em matéria de serviços financeiros que carecem de alteração, a fim de permitir a conversão de ativos financeiros tradicionais em criptoativos, bem como uma utilização mais generalizada da DLT no âmbito dos serviços financeiros.

Posicionando-nos neste período de interseção normativa, propomo-nos, nesta sede, a analisar, em particular, os criptoativos de investimento que se qualificam como valores mobiliários ou, o mesmo que dizer, os valores mobiliários sob a forma de criptoativos, a fim de apurar o seu enquadramento regulatório.

CAPÍTULO 1
BLOCKCHAIN E CRIPTOATIVOS

A fim de se realizar uma adequada análise dos contornos jurídicos da utilização da tecnologia de registo distribuído (*Distributed Ledger Technology*), em particular da tecnologia *blockchain*, para aplicações no mercado de instrumentos financeiros, afigura-se fundamental compreender previamente a realidade tecnológica subjacente.

Para o efeito, neste capítulo cuidaremos das definições que servirão de base ao tema da presente análise e que visam facilitar a compreensão do que está em causa quando nos referimos a tecnologia *blockchain*, *smart contracts* e criptoativos.

1.1. Tecnologia *blockchain*

Antes de mais, refira-se que a tecnologia *blockchain* é um tipo ou ramo da tecnologia de registo distribuído («DLT»).

Em termos amplos, uma DLT pode ser entendida como um meio para armazenar informação através de um registo plurilocalizado, *i.e.*, assente numa representação digital dos dados disponível em múltiplos locais.

A propósito de uma definição da DLT, quer o Regulamento DLT, quer o Regulamento MiCA, definem DLT como uma tecnologia que permite o funcionamento e a utilização de registos distribuídos. Por seu turno, os registos distribuídos são tidos como repositórios de informações que mantêm registos das transações e são partilhados através de um conjunto de nós das redes DLT, encontram-se sincronizados entre os nós das redes DLT e utilizam mecanismos de consenso (cf. artigo 2.º, pontos 1) e 2), do Regulamento DLT e artigo 3.º, n.º 1, pontos 1) e 2), do Regulamento MiCA)[7].

É importante ter presente a heterogeneidade desta estrutura tecnológica: existem não só outros tipos ou ramos da DLT, além da *blockchain*, como também existem diferentes *blockchains* com diferentes configurações das suas características tecnológicas. Certos autores consideram ser difícil efetuar uma referência generalizada a *blockchains*, tendo em conta as diferentes configurações tecnológicas das diversas *blockchains*: numa ótica técnica, cada afirmação relativa a *blockchains* deveria ter por referência uma *blockchain* específica e, consequentemente, cada análise jurídica deveria focar-se no tipo em questão e no uso pretendido do mesmo[8]. Discorda-se deste entendimento. As *blockchains* podem adotar diversos modelos de funcionamento como se verá abaixo, todavia, de uma forma geral, as mesmas apresentam características comuns que permitem distingui-las de outras tecnologias. Idealmente, os protocolos das *blockchains* seriam padronizados, o que facilitaria a interação e integração com outras *blockchains*[9].

Diferentemente de uma base de dados tradicional, tendencialmente centralizada, em que é apenas uma única entidade (o proprietário ou o administrador) que é responsável por introduzir e armazenar os dados

[7] No que concerne à definição de DLT, note-se que a mesma esteve em discussão e foi objeto de alteração no âmbito do procedimento legislativo ordinário que subjazeu aos Regulamentos DLT e MiCA, atenta a definição constante inicialmente das propostas legislativas apresentadas pela Comissão Europeia, cf., por exemplo, Comissão dos assuntos económicos e monetários, *Projeto de Relatório sobre a proposta de Regulamento do Parlamento Europeu e do Conselho relativo aos mercados de criptoativos e que altera a Diretiva (UE) 2019/1937*, (2021), 7.

[8] Cf. Eliza Mik, *Blockchains A Technology for Decentralized Marketplaces*, em Larry A. Dimatteo/ Michel Cannarsa/ Cristina Poncibò (eds.), *The Cambridge Handbook of Smart Contracts, Blockchain Technology and Digital Platforms*, Cambridge University Press: Cambridge (2020), 160-182 (162).

[9] Cf. neste sentido Bitfury Group / Jeff Garzik, *Public versus Private Blockchains Part 1: Permissioned Blockchains White Paper*, (2015), 11. Para uma comparação e análise de diferenças entre diferentes *blockchains*, nomeadamente, Ethereum, Hyperledger Fabric e Corda, cf. Martin Valenta/ phillip Sandner, *Comparison of Ethereum, Hyperledger Fabric and Corda*, (2017). A título de curiosidade, veja-se que a Corda é por alguns considerada uma *blockchain* que não é uma *blockchain*, por ter abandonado o conceito de blocos – cf. Richard Brown, *Corda Top Ten Facts #7*, (2018).

no sistema, nas *blockchains* são várias as "entidades"[10] responsáveis pelo armazenamento de dados, que se encontram disponíveis em múltiplos locais da rede[11].

Adicionalmente, note-se que as *blockchains* utilizam criptografia de chave pública – um sistema criptográfico que utiliza pares de chaves, incluindo chaves públicas, que são publicamente conhecidas e essenciais para fins de identificação, e chaves privadas, que são secretas e são utilizadas para efeitos de autentificação e encriptação[12]. Estas chaves são armazenadas em carteiras para criptoativos (*crypto-assets wallets*) que podem assumir diversas formas.

Existem carteiras de criptoativos que admitem criptoativos baseados numa DLT específica, enquanto outras admitem criptoativos baseados em diversas DLT. Conhecem-se ainda carteiras de criptoativos *software* ou *hardware* e carteiras *hot* ou *cold*. Uma carteira *software* consiste numa aplicação que pode ser instalada localmente, por exemplo num computador ou telemóvel, sendo acessível apenas a partir daquele computador ou telemóvel específico, outras carteiras *software* funcionam na *cloud*, o que significa que são acessíveis a partir de qualquer dispositivo ou localização. Já as carteiras *hardware* consistem num dispositivo físico, como uma *pen* USB. Por sua vez, as carteiras *hot* estão conectadas à internet, enquanto as *cold* não estão. As carteiras *software* normalmente são carteiras *hot* enquanto as carteiras *hardware* se apresentam como carteiras *cold*, não obstante possam existir algumas variações[13].

[10] Os nós de redes *blockchains*. Sobre esta matéria, reenvia-se para o Ponto 1.1.1 *infra*.

[11] Cf. neste sentido Francisco Mendes Correia, *A tecnologia descentralizada de registo de dados* (blockchain) *no setor financeiro*, em António Menezes Cordeiro/ Ana Perestrelo de Oliveira/ Diogo Pereira Duarte (org.), *FinTech. Desafios da tecnologia financeira*, 2ª ed., Almedina: Coimbra (2019), 83-89 (84-85) e Luís Roquette Geraldes/ Mariana Solá de Albuquerque/ João Lima da Silva, ICOs: *security tokens vs. utility tokens*, em António Menezes Cordeiro/ Ana Perestrelo de Oliveira/ Diogo Pereira Duarte (org.), *FinTech. Desafios da tecnologia financeira*, 2ª ed., Coimbra, (2019), 327-361 (329).

[12] Para uma explicação técnica da criptografia de chave pública cf. Andreas Antonopoulos, *Mastering the Bitcoin: programming the open blockchain*, 2nd Edition, O'Reilly: California (2017), 56–63.

[13] ESMA, *Advice on Initial Coin Offerings and Crypto-Assets*, (2019), 9. As carteiras *hot* e *cold* apresentam diferentes tipos e níveis de risco no contexto da sua utilização para o armazenamento de chaves privadas, reenviando-se, nesta matéria, para Financial Stability Board, *Regulation, Supervision and Oversight of Crypto-Assets Activities and Markets*, (2022), 16-17, e para Parma Bains/ Arif Ismail/

Note-se que é muito importante que as chaves privadas sejam armazenadas (física ou digitalmente) de modo seguro, uma vez que, de um ponto de vista técnico, não é possível recuperar a chave privada a partir da chave pública[14]. Esta criptografia de chave pública também é designada por criptografia assimétrica, uma vez que a mesma chave não pode ser usada para ambos os processos de encriptação e desencriptação[15].

1.1.1. Principais características

A estrutura de dados numa *blockchain* consiste numa sequência de blocos na qual fica armazenada uma lista completa de registos efetuados, criando um conjunto de dados que pode ser consultado[16].

Os participantes de uma rede *blockchain*, também designados por nós (*nodes*)[17], encontram-se conectados entre si e armazenam os dados que vão sendo registados. O Regulamento DLT define, no seu artigo 2.º, ponto 4), «nó de rede DLT» como «um dispositivo ou processo que faz parte de uma rede e que detém uma réplica total ou parcial de registos de todas as transações num registo distribuído».

Os nós das redes *blockchains* podem, assim, ser entendidos como os dispositivos que detêm uma réplica dos dados registados, funcionam como pontos de comunicação e executam diversas funções essenciais na rede. Cada nó possui uma identificação exclusiva do seu dispositivo que permite diferenciá-lo de outros nós na rede[18]. Além disso, geralmente, os nós são os terminais de comunicação, o que significa

Fabiana Melo/ Nobuyasu Sugimoto, *Regulating the Crypto Ecosystem: The Case of Unbacked Crypto Assets*, IMF Fintech Notes, Vol. 2022, Issue 7, (2022), 22.

[14] Cf. Andreas Antonopoulos, *Mastering the Bitcoin: programming the open blockchain*, 2nd Edition, O'Reilly: California (2017), 60.

[15] Cf. IBM, Criptografia de Chave Pública, (2022).

[16] Cf. Charles Miers/ Guilherme Koslovski/ Maurício Aronne Pillon/ Marcos Simplicio, *Análise de Mecanismos para Consenso Distribuído Aplicados a Blockchain*, (2019), 5.

[17] Cf. Comissão Europeia, *Commission Staff Working Document Impact Assessment Accompanying the document Proposal for a Regulation of the European Parliament and of the Council on Markets in Crypto-assets and amending Directive (EU) 2019/1937*, (2020), 4.

[18] Cf. Werner Vermaak, *What Is a Node?*, Alexandria CoinMarketCap, (2021).

que qualquer utilizador ou aplicação que pretenda interagir com uma *blockchain*, fá-lo-á através dos nós. Embora seja um equívoco comum, deve clarificar-se que nem todos os nós têm as mesmas funções na rede e nem todos os utilizadores que interagem com uma *blockchain* (através dos seus dispositivos) são nós[19].

Numa *blockchain*, cada bloco contém o registo de detalhes de transações ocorridas na rede[20]. O processo de criação dos blocos é levado a cabo por nós especiais (*special nodes*) que periodicamente, através de um consenso, selecionam os novos blocos que são adicionados à cadeia de blocos. Assim que o consenso é alcançado, todos os nós atualizam a informação de acordo com o resultado obtido[21].

Uma nota particular é exigida a propósito do consenso no âmbito da tecnologia *blockchain*. O mecanismo de consenso (também designado por protocolo de consenso ou algoritmo de consenso) refere-se ao procedimento através do qual diferentes participantes de uma rede *blockchain* acordam num estado específico dos dados no sistema, o qual é considerado como sendo o correto[22]. Ao abrigo do Regulamento DLT,

[19] Cf. Diego Geroni, *Blockchain Nodes: An In-Depth Guide, 101 Blockchains*, (2021).

[20] Os dados podem corresponder a quaisquer transações ou bens que possam ser convertidos em formato digital, incluindo transferências ou armazenamento de dinheiro, registos médicos, certidões de nascimento, casamento e seguros, compra e venda de bens e serviços e contratos de seguros – cf. EIOPA, *Discussion Paper on Blockchain and Smart Contracts in Insurance*, (2021), 9.

[21] Cf. Paolo Tasca/ Claudio Tessone, *Taxonomy of Blockchain Technologies. Principles of Identification and Classification*, New York, (2018), 8. Para este efeito, quando se fala em consenso (mecanismos de consenso, algoritmos de consenso) não se deve assumir que o consenso resulta de, ou reflete, um acordo humano. O consenso para estes efeitos não se reporta ao consenso em sentido jurídico, mas antes adota um sentido técnico – cf. Eliza Mik, *Blockchains A Technology for Decentralized Marketplaces*, em Larry A. Dimatteo/ Michel Cannarsa/ Cristina Poncibò (eds.), *The Cambridge Handbook of Smart Contracts, Blockchain Technology and Digital Platforms*, Cambridge University Press: Cambridge (2020), 160-182 (166). Para um estudo de diversos mecanismos de consenso cf. EU Blockchain Observatory and Forum, *Energy Efficiency of Blockchain Technologies*, (2021), 7–17; Paolo Tasca/ Claudio Tessone, *Taxonomy of Blockchain Technologies. Principles of Identification and Classification*, New York, (2018), 8-17; e Stefano Angelis/ Gilberto Zanfino/ Leonardo Aniello/ Federico Lombardi/ Vladimiro Sassone, *Blockchain and cybersecurity: a taxonomic approach*, (2019), 4–7.

[22] EU Blockchain Observatory and Forum, *Energy Efficiency of Blockchain Technologies*, (2021), 6. Adiantam ainda os autores que, devido ao armazenamento distribuído, assegurar que todos os nós das redes cheguem a acordo sobre um estado comum representa uma tarefa difícil. A visão do registo distribuído pode não ser a mesma para todos os nós, uma vez que as alterações nos registos (ou seja, as atualizações de dados) têm de ser propagadas a todos os outros nós da rede – *ibidem*.

por mecanismo de consenso devem entender-se as «regras e procedimentos através dos quais se chega a acordo, entre os nós da rede DLT, em como uma transação é válida»[23]. Este mecanismo é responsável pela manutenção e atualização do registo distribuído, assegurando a fiabilidade dos registos.

Com efeito, o mecanismo de consenso numa *blockchain*:

(*i*) Assegura que os dados no registo distribuído são os mesmos para todos os nós da rede; e
(*ii*) Evita que nós maliciosos (agindo tanto racionalmente como irracionalmente) manipulem os dados[24].

Existem diversos mecanismos de consenso que apresentam diferentes características e propriedades, cujo impacto ambiental é, também ele, distinto. Num sistema distribuído, o mecanismo de consenso pode resolver o problema da confiança mútua entre os nós e fazer com que a *blockchain* atinja um estado de equilíbrio entre os nós da rede. Na arquitetura tecnológica da *blockchain*, o algoritmo de consenso, como mecanismo central, tem impacto direto na sua performance global[25]. Diferentes mecanismos de consenso implicam vantagens e desvantagens diversas. Alguns mecanismos de consenso são dotados de um maior enfoque na segurança e descentralização, sendo mais adequados para uma utilização relacionada com a conservação de registos (por exemplo, na área da gestão de cadeias de distribuição), enquanto outros apresentam um maior enfoque na rapidez e eficiência, sendo mais adequados para uma utilização em que existe a necessidade de suportar um elevado número de transações por segundo na rede (por exemplo, na área dos pagamentos)[26].

[23] Artigo 2.º, ponto 2), do Regulamento DLT.

[24] Cf. EU Blockchain Observatory And Forum, *Energy Efficiency of Blockchain Technologies*, (2021), 6.

[25] Neste sentido Yue Hao/ Yi Li/ Xinghua Dong/ Li Fang/ Ping Chen, *Performance Analysis of Consensus Algorithm in Private Blockchain*, (2018), 280. Sobre esta matéria reenvia-se para o Ponto 3.3 *infra*.

[26] Neste sentido Parma Bains, *Blockchain Consensus Mechanisms: A Primer for Supervisors*, (2022), 1, 5.

Adicionalmente, note-se que a segurança e a imutabilidade de determinada *blockchain* são asseguradas por virtude de certas especificidades da tecnologia, nomeadamente a utilização de criptografia de chave pública e de funções criptográficas *hash*.

A tecnologia *blockchain* utiliza funções criptográficas *hash*, através das quais é possível obter a assinatura criptográfica exclusiva ou "impressão digital" de cada bloco. Ora, cada bloco contém o seu *hash* e o *hash* do bloco anterior, dando origem a uma cadeia de blocos vinculados uns aos outros. Ainda que o registo de um único bloco da cadeia seja modificado num único nó, o seu *hash* será diferente e o bloco seguinte da cadeia continuará a identificar como correto o bloco original, não modificado. Noutras palavras, de modo a efetivamente modificar um bloco, será necessário modificar todos os blocos subsequentes, tendo estes o *hash* do bloco modificado até ao fim da cadeia. Ademais, para que estas mudanças se reflitam nos registos locais dos outros participantes da *blockchain*, será necessário o consenso global entre os nós. Consequentemente, a não ser que os demais nós concordem com as mudanças, a consistência do registo distribuído estará inequivocamente comprometida. Esta é uma característica crucial da tecnologia *blockchain* que assegura a integridade da informação partilhada, permitindo ter um sistema confiável que não depende de um intermediário centralizado de confiança[27].

Sem prejuízo de o conceito de segurança ser um conceito relativo, pode afirmar-se que as *blockchains* são relativamente seguras porque os seus participantes apenas podem transmitir dados se possuírem uma chave privada. As chaves privadas são utilizadas para gerar uma assinatura para cada transação que um participante realiza numa *blockchain*. A assinatura é utilizada para confirmar que uma transação proveio de um determinado participante e para prevenir que as transações sejam alteradas por qualquer pessoa após a sua realização. As *blockchains* consideram-se imutáveis porque, uma vez que os dados são registados, o registo não poderá ser alterado *ex-post* sem que a rede tenha

[27] Cf. Stefano Angelis/ Gilberto Zanfino/ Leonardo Aniello/ Federico Lombardi/ Vladimiro Sassone, *Blockchain and cybersecurity: a taxonomic approach*, (2019), 2.

conhecimento. Por outras palavras, os dados são resistentes à adulteração. Assim, neste contexto, a imutabilidade é preservada pela utilização de funções criptográficas *hash*, em que cada bloco individualmente contém o seu *hash* e o *hash* do bloco anterior.

Note-se, porém, que esta é uma imutabilidade do ponto de vista técnico, uma vez que, do ponto de vista de governação, é possível efetuar alterações por decisão tomada por participantes da rede[28].

À margem desta análise, refira-se que a imutabilidade levanta dificuldades de compatibilização com as regras de privacidade e de proteção de dados pessoais, nomeadamente o direito a ser esquecido. Nesta matéria, as *blockchains* que permitam assegurar um maior controlo de governação, afiguram-se, pelo menos abstratamente, melhor adaptadas à compatibilização com tais regras[29].

1.1.2. Modelos de funcionamento

É importante notar que as *blockchains* podem adotar diferentes modelos de funcionamento, de acordo com as regras estabelecidas em matéria

[28] Cf. Paolo Tasca/ Claudio Tessone, *Taxonomy of Blockchain Technologies. Principles of Identification and Classification*, New York, (2018), 6-7. Para um estudo do tema relativo a imutabilidade e segurança de *blockchains* cf. Tom Lyons/ Ludovic Coucerlas, *Blockchain and Cyber Security*, (2020), 7-14.

[29] Neste sentido cf. Ana Perestrelo Oliveira, *Direito ao apagamento dos dados ou "direito a ser esquecido"*, em António Menezes Cordeiro/ Ana Perestrelo de Oliveira/ Diogo Pereira Duarte (org.), *FinTech II: Novos estudos sobre tecnologia financeira*, Almedina: Coimbra (2019), 89-104. Sobre outros desenvolvimentos tecnológicos e regulamentação aplicável a matérias relacionadas com dados pessoais, cf. Diogo Pereira Duarte/ Alexandra Guseinov, *O direito de portabilidade de dados pessoais*, em António Menezes Cordeiro/ Ana Perestrelo de Oliveira/ Diogo Pereira Duarte (org.), *FinTech II: Novos estudos sobre tecnologia financeira*, Almedina: Coimbra (2019), 105-127; Joana Mota, *Proteção de dados desde a conceção e por defeito. Avaliação de impacto e segurança*, em António Menezes Cordeiro/ Ana Perestrelo de Oliveira/ Diogo Pereira Duarte (org.), *FinTech II: Novos estudos sobre tecnologia financeira*, Almedina: Coimbra (2019), 129-146; e Madalena Perestrelo Oliveira, *Definição de perfis e decisões individuais automatizadas no Regulamento Geral sobre a Proteção de Dados*, em António Menezes Cordeiro/ Ana Perestrelo de Oliveira/ Diogo Pereira Duarte (org.), *FinTech II: Novos estudos sobre tecnologia financeira*, Almedina: Coimbra (2019), 61-88.

de permissões relativas ao sistema, nomeadamente nas seguintes vertentes:

1. Acesso à rede *blockchain* para visualizar a informação (*read*) e/ou para efetuar transações (*write*); e
2. Participação no mecanismo de consenso da *blockchain*, contribuindo para a atualização e manutenção da integridade do registo distribuído (*consensus management*).

De acordo com a estrutura adotada e as respetivas regras de permissão estabelecidas, é possível distinguir modalidades alternativas de *blockchains* abaixo retratadas.

a) ***Permissioned private/Permissioned public***[30]
As *permissioned private blockchains* são caracterizadas por restringirem operações de *read*, *write* e *consensus management*, pelo que apenas sujeitos pré-selecionados podem aceder à rede (para visualizar a informação e efetuar transações) e participar no respetivo mecanismo de consenso. Já as *permissioned public blockchains* são caracterizadas por permitirem a todos os utilizadores visualizar informação (*read*), restringindo, contudo, as operações de *write* e *consensus management* a um conjunto pré-selecionados de participantes.

[30] Cf. quanto a esta contraposição de modalidades Bitfury Group / Jeff Garzik, *Public versus Private Blockchains Part 1: Permissioned Blockchains White Paper*, (2015), 10-12; ESMA, *Final Report Guidelines on standard templates, forms and formats to apply for permission to operate a DLT market infrastructure*, (2022), 12, 32; EU Blockchain Observatory and Forum, *Energy Efficiency of Blockchain Technologies*, (2021), 6; Olivier Rikken/ Marijn Janssen/ Zenlin Kwee, *Governance Challenges of Blockchain and Decentralized Autonomous Organizations*, Information Polity, Vol. 24, Issue 4, (2019), 400–402; Paolo Tasca/ Claudio Tessone, *Taxonomy of Blockchain Technologies. Principles of Identification and Classification*, New York, (2018), 32-33; e Stefano Angelis/ Gilberto Zanfino/ Leonardo Aniello/ Federico Lombardi/ Vladimiro Sassone, *Blockchain and cybersecurity: a taxonomic approach*, (2019), 3-4.

b) ***Permissionless private/Permissionless public***[31]
As *permissionless private blockchains* restringem o acesso na visualização de informação (*read*). Já as *permissionless public blockchains* não preveem quaisquer restrições de acesso à rede ou de participação no mecanismo de consenso, ao passo que todos os participantes da *blockchain* podem efetuar operações de *read, write* e *consensus management.*

São exemplos de *permissioned public blockchain* a EOS e de *permissioned private blockchain* a Hyperledger Fabric, de *permissionless public blockchains* a Bitcoin e a Ethereum. No que diz respeito a *permissionless private blockchains,* na presente data, são ainda raros os exemplos desenvolvidos com base neste modelo, existindo, contudo, projetos que adotam as componentes *permissionless* e *private* como é o caso da LTO Network, Monet e Holochain[32].

No que concerne à estrutura de governação, é válida, ainda que nem sempre seja fácil, a aplicação de métodos de governação tradicionais em *permissioned blockchains.* Por seu turno, em *permissionless blockchains,* especialmente quando se trate de organizações autónomas descentralizadas («DAO»)[33] tal já não se verifica, afigurando-se, a este respeito, necessário o estudo de novos modelos de governação[34]. Com efeito, as DAO

[31] *Ibidem.*

[32] Cf. LTO Network, *Permissionless Private Blockchain,* (2019).

[33] Para um estudo desta figura e análise de desafios na qualificação de DAO, cf. António Garcia Rolo, *As criptomoedas como meio de financiamento e a qualificação dos tokens de investimento emitidos em ofertas públicas de moeda (ICO) como valores mobiliários,* em António Menezes Cordeiro/ Ana Perestrelo de Oliveira/ Diogo Pereira Duarte (org.), *FinTech II: Novos estudos sobre tecnologia financeira,* Almedina: Coimbra (2019), 249-298 (263-267); António Garcia Rolo, *Challenges in the legal qualification of decentralised autonomous organisations (DAOS): the rise of the crypto-partnership?,* em Revista de Direito e Tecnologia, Vol. 1, N.º 1, (2019), 33-87; Madalena Perestrelo de Oliveira/ António Garcia Rolo, *Decentralised Autonomous Organisations (DAOs) in Various Jurisdictions: from Old Rules to Innovative Approaches,* AAFDL: Lisboa (2023); Madalena Perestrelo De Oliveira/ António Garcia Rolo/ João Vieira dos Santos/ Ana Nunes Teixeira, *Decentralised Autonomous Organisations (DAO): conceito, enquadramento legal e desafios,* em Boletim da Ordem dos Advogados, (2022); World Economic Forum, *Decentralized Autonomous Organizations: beyond the hype,* (2022).

[34] Neste sentido e para maiores desenvolvimentos sobre este tema, reenvia-se para Olivier Rikken/ Marijn Janssen/ Zenlin Kwee, *Governance Challenges of Blockchain and Decentralized Autonomous Organizations,* Information Polity, Vol. 24, Issue 4, (2019), 401. Adicionalmente, para

são formas de organização baseadas em tecnologia *blockchain* que se caracterizam por adotar um processo de tomada de decisão sobre a gestão ou a administração da DAO alicerçado nos votos de detentores de *tokens* de governação (administração coletiva), ao invés do poder decisório estar centralizado numa gerência ou num conselho de administração (administração centralizada).

Note-se que as *permissioned blockchains*, em combinação com *smart contracts*, têm permitido o desenvolvimento de aplicações de finanças descentralizadas («DeFi»), que se destinam a replicar elementos do sistema financeiro tradicional sem depender de intermediários centralizados, permitindo criar uma arquitetura financeira distinta da tradicional. As principais aplicações de DeFi têm-se manifestado por exemplo nas plataformas descentralizadas de negociação de criptoativos e nas plataformas de empréstimos[35].

Admite-se que a participação 'aberta' nas operações da rede torna as *permissionless public blockchains*, pelo menos teoricamente, adequadas para criptoativos[36]. Todavia, para desenvolver aplicações no setor financeiro, nomeadamente no mercado de instrumentos financeiros, parece-nos mais adequado o recurso a *permissioned blockchains* (sejam *private*

um estudo sobre o tema da governação em *blockchains*, reenvia-se para Tom Lyons/ Ludovic Courcelas, *Governance of and with blockchains*, (2020).

[35] Cf. Igor Makarov, Antoinette Schoar, *Cryptocurrencies and Decentralised Finance (DeFi)*, BIS Working Papers no. 1061, (2022), 22. Para um estudo mais aprofundado sobre aplicações DeFi, bem como sobre os desafios que estas colocam, nomeadamente em matéria de execução fiscal e de branqueamento de capitais e financiamento do terrorismo, reenvia-se para obra citada. Adicionalmente, para um estudo da figura DeFi, das suas aplicações e interconexão com os mercados de criptoativos, cf. ESRB, *Crypto-assets and decentralised finance*, (2023); OCDE, *Institutionalisation of crypto-assets and DeFi–TradFi interconnectedness*, (2022); e OCDE, *Why Decentralised Finance (DeFi) Matters and the Policy Implications*, (2022). Por fim, para uma análise da figura DeFi em face do Regulamento MiCA vide Madalena Perestrelo de Oliveira/ Marta Boura, *MiCA e DeFi: onde fica a regulação no caminho da descentralização?*, em João Vieira dos Santos/ João Luz Soares/ Martinho Lucas Pires/ Guilherme Maia (coord.), *MiCA – Estudos sobre a Nova Regulação Europeia de Criptoativos*, Almedina: Coimbra (2023), 285-328.

[36] Cf. EU Blockchain Observatory and Forum, *Energy Efficiency of Blockchain Technologies*, (2021), 7–10. Adicionalmente, a distinção entre *permissioned* e *permissionless blockchains* pode não ser tão clara como aparenta, podendo, ainda que hipoteticamente, ser criadas *blockchains* que sejam *permissioned* do ponto de vista técnico mas, devido a condições simples de entrada na rede, se assemelham mais a *blockchains* que são *permissionless* – *ibidem*, 13.

ou *public*, conforme no caso concreto se afigure mais apropriado)[37]. Em particular, as *permissioned blockchain* asseguram um maior controlo de governação e permitem criar ambientes mais controlados e previsíveis[38]. Estas conferem a possibilidade de estabelecer um processo de verificação da identidade, contribuindo para que todos os participantes da rede se encontrem identificados e, por exemplo para efeitos de cumprimento de obrigações legais, facilitam a restrição do acesso a determinadas informações às autoridades competentes. Trata-se de um ponto relevante para os registos de valores mobiliários que se encontram sujeitos a deveres de segredo nos termos do artigo 304.º, n.º 4, do Código dos Valores Mobiliários[39] («CVM»).

Sublinhe-se que as *permissioned blockchains* não implicam a eliminação da figura de intermediário, ainda que os moldes de exercício de tal atividade possam ser diferentes. Nos mercados financeiros, o papel dos intermediários financeiros assume uma importância fundamental, estando estes sujeitos a diversos deveres em matéria de proteção dos investidores, como é o caso do dever de categorização dos clientes, dever de lealdade e deveres de identificação, prevenção e gestão de conflito de interesses, deveres de adequação, entre outros[40].

Para estabelecer qual o modelo de governação adequado para determinada *blockchain*, é importante considerar a sua construção e uso

[37] As *permissioned blockchains* têm sido consideradas por *stakeholders* como as mais adequadas para o desenvolvimento de projetos no mercado de instrumentos financeiros – cf. ESMA, *Report on Distributed Ledger Technology Applied to Securities Markets*, (2017), 24 e ESMA, *Report on DLT Pilot Regime*, (2022), 14.

[38] Sobre algumas vantagens de *permissioned blockchains* cf. Marcella Atzori, *Blockchain technology and decentralized governance: is the state still necessary?*, em Journal of Governance and Regulation, Vol. 6, Issue 1, (2017), 52-53.

[39] Aprovado pelo Decreto-Lei n.º 486/99, de 13 de novembro, republicado pela Lei n.º 35/2018 e consolidado com as alterações introduzidas pela Lei n.º 69/2019, de 28 de agosto, pelo Decreto-Lei n.º 144/2019, de 23 de setembro, pela Lei n.º 25/2020, de 07 de julho, pela Lei n.º 50/2020, de 25 de agosto e pelo Decreto-Lei n.º 56/2021, de 30 de junho, pelo Decreto-Lei n.º 109-H/2021, de 10 de dezembro, pela Lei n.º 99-A/2021, de 31 de dezembro, pelo Decreto-Lei n.º 31/2022, de 6 de maio, pela Lei n.º 23-A/2022, de 9 de dezembro, pelo Decreto-Lei n.º 27/2023, de 28 de abril e pelo Decreto-Lei n.º 66/2023, de 8 de agosto («Código dos Valores Mobiliários» ou «CVM»).

[40] Para um estudo dos deveres dos intermediários financeiros cf. A. Barreto Menezes Cordeiro, *Manual de Direito dos Valores Mobiliários*, 2ª ed., Almedina: Coimbra (2018), 287-317 e Paulo Câmara, *Manual de Direito dos Valores Mobiliários*, 4ª ed., Almedina: Coimbra (2018), 403–475 e 503–524.

pretendido. Dependendo do seu objetivo, uma *blockchain* pode ser dirigida e governada por uma entidade central ou pode ser gerida de forma descentralizada de acordo com um conjunto de regras de governação seguidas e aplicadas pelos participantes da rede *blockchain*. A estrutura de governação determina a autorização, as funções de gestão e a política de controlo. Tais regras conferem permissão aos utilizadores da rede para acederem ou utilizarem recursos da *blockchain*. Trata-se, portanto, de um conjunto de regras que gerem as permissões dos utilizadores, sistemas e nós[41].

1.2. *Smart contracts*

Os *smart contracts* são programas informáticos auto exequíveis, codificados para autonomamente se comportarem de determinada maneira quando verificadas certas condições. Estes programas informáticos podem ser armazenados, validados e executados com recurso à tecnologia *blockchain*, permitindo por exemplo a automatização e simplificação de transações.

Geralmente, os *smart contracts* funcionam sobre determinada *blockchain* (subjacente) e mantêm-se independentes da mesma. Apesar de beneficiarem das qualidades intrínsecas à tecnologia *blockchain*, por exemplo a segurança das transações e a imutabilidade do registo distribuído[42], tais qualidades não são automaticamente partilhadas pelos *smart contracts*[43].

[41] Cf. Paolo Tasca/ Claudio Tessone, *Taxonomy of Blockchain Technologies. Principles of Identification and Classification*, New York, (2018), 32.

[42] Cf. Ponto 1.1.1. *supra*.

[43] Reenvia-se para os princípios publicados pelo *European Law Institute* sobre *smart contracts*, tecnologia *blockchain* e proteção dos consumidores, que visam fornecer orientações iniciais sobre como aplicar as normas legais em vigor neste domínio – European Law Institute, *ELI Principles on Blockchain Technology, Smart Contracts and Consumer Protection*, (2022). Adicionalmente, para um estudo sobre *smart contracts* reenvia-se para Diogo Pereira Duarte, *"Smart Contracts" e intermediação financeira*, em António Menezes Cordeiro/ Ana Perestrelo de Oliveira/ Diogo Pereira Duarte (org.), *FinTech II: Novos estudos sobre tecnologia financeira*, Almedina: Coimbra (2019), 171-180; EU Blockchain Observatory and Forum, *Smart Contracts*, (2022); Hugo Ramos Alves, Smart

Assim, para que se possa confiar no código de determinado *smart contract*, é necessário confiar na pessoa que o cria: o programador[44].

É relevante notar que profissionais de áreas distintas (por exemplo, informáticos e juristas) têm vindo a atribuir significados diferentes ao termo *smart contract*[45]. Considerando o equívoco envolto nesta temática e a importância de aplicar definições rigorosas aos conceitos utilizados, a fim de se realizar uma análise jurídica adequada da realidade subjacente, gostaríamos de sublinhar que a utilização do termo *smart contract* não deve implicar e/ou significar e/ou subentender necessariamente a existência de um contrato, em sentido técnico-jurídico. Recorde-se, a este respeito, o entendimento de Mafalda Miranda Barbosa sobre a questionável designação de *smart contracts*, uma vez que sugere que estamos perante verdadeiros contratos e não na presença de meros códigos computacionais pré-escritos[46].

contracts: *entre a tradição e a inovação*, em António Menezes Cordeiro/ Ana Perestrelo de Oliveira/ Diogo Pereira Duarte (org.), *FinTech II: Novos estudos sobre tecnologia financeira*, Almedina: Coimbra (2019), 181-216 (205); Igor Makarov, Antoinette Schoar, *Cryptocurrencies and Decentralised Finance (DeFi)*, BIS Working Papers no. 1061, (2022), 11-19; Pedro de Almeida Fernandes, *Smart Contracts: o Fenómeno, o Direito Privado e o Mercado de Valores Mobiliários*, em Revista de Direito Financeiro e dos Mercado de Capitais, Vol. 4, n.º 14, (2022); Pedro Ferreira Malaquias/ Luís Alves Dias, Smart contracts: *alguns contributos teóricos e práticos*, em *Actualidad Jurídica Uría Menéndez*, n.º 52, (2019), 53-62 (56); e Primavera De Filippi, Chris Wray, Giovanni Sileno, *Smart Contracts*, em Internet Policy Review Journal on Internet Regulation, Vol. 10, Issue 2, (2021).

[44] Cf. Eliza Mik, *Blockchains A Technology for Decentralized Marketplaces*, em Larry A. Dimatteo/ Michel Cannarsa/ Cristina Poncibò (eds.), *The Cambridge Handbook of Smart Contracts, Blockchain Technology and Digital Platforms*, Cambridge University Press: Cambridge (2020), 160-182, (174).

[45] A este propósito, veja-se que o criador da Ethereum (a *blockchain* mais popular para a execução de *smart contracts*), Vitalik Buterin, utilizou a terminologia *smart contracts* para se referir a programas de computador auto exequíveis. Neste contexto, gostaríamos de sublinhar a importância da cooperação entre os juristas e os informáticos: o futuro será um futuro em que existirão juristas especialistas em informática, que auxiliarão na resolução de litígios e na regulação da tecnologia e informáticos especialistas em direito, que ajudarão a desenvolver programas cada vez melhores e mais adequados à realidade jurídica. No entretanto, os advogados têm a responsabilidade de assegurar que a evolução tecnológica em curso respeita os princípios e normas fundamentais do Direito – cf. Michel Cannarsa, *Contract Interpretation*, em Larry A. Dimatteo/ Michel Cannarsa/ Cristina Poncibò (eds.), *The Cambridge Handbook of Smart Contracts, Blockchain Technology and Digital Platforms*, Cambridge University Press: Cambridge (2020), 102-117 (102).

[46] Cf. Mafalda Miranda Barbosa, *Blockchain e responsabilidade civil: inquietação em torno de uma realidade nova*, em Revista de Direito da Responsabilidade, Ano 1, (2019), 206-244 (220). Entende Mafalda Miranda Barbosa que «a designação corrente de *smart contract* está longe de configurar

Neste contexto, admite-se um enquadramento normativo do *smart contract* em termos duais. De acordo com Hugo Ramos Alves, um *smart contract* pode ser analisado a partir de duas óticas distintas: uma legal, em que o *smart contract* traduz o acordo entre as partes que se encontra redigido sob a forma de código informático, e uma outra ótica meramente computacional, em que o *smart contract* representa um código informático[47]. Sem prejuízo, mesmo quando os *smart contracts* não têm natureza jurídica de contrato, podem ter relevância jurídica[48].

Em síntese, apesar das diferentes perspetivas relativamente aos *smart contracts* e à sua definição, entende-se que a referência a *smart contracts* alude apenas a programas informáticos auto exequíveis que podem ou não ter relevância jurídica, nomeadamente sob a forma de uma relação contratual.

Uma outra nota importante a salientar reside no facto de que nem a tecnologia *blockchain* ou os *smart contracts* conseguem interagir diretamente com eventos *off-chain*, *i.e.*, eventos que ocorrem no mundo material ou físico. Com efeito, o ambiente de execução da *blockchain* é auto contido,

um contrato, antes se resumindo às declarações negociais que o formam. A especificidade da categoria reside, afinal, no facto de tais *smart contracts* integrarem um código computacional que permite o encontro de vontades, independentemente de uma ulterior atuação do sujeito» – *ibidem*, 221. Adicionalmente, sobre a possibilidade de invalidação de um contrato celebrado sem intervenção humana cf. Mafalda Miranda Barbosa, *Inteligência artificial e* blockchain: *desafios para a responsabilidade civil*, em Revista de Direito da Responsabilidade, Ano 1, (2019), 782-807 (803-805). Cf., ainda, em sentido semelhante, sobre a eventual qualificação de *smart contract* como contrato à luz do direito português e sobre o eventual erro de programação e a eventual relevância da confirmação da transação por um terceiro Hugo Ramos Alves, Smart contracts: *entre a tradição e a inovação*, em António Menezes Cordeiro/ Ana Perestrelo de Oliveira/ Diogo Pereira Duarte (org.), *FinTech II: Novos estudos sobre tecnologia financeira*, Almedina: Coimbra (2019), 205-216. Sobre a interpretação contratual no contexto dos *smart contracts* cf. Michel Cannarsa, *Contract Interpretation*, em Larry A. Dimatteo/ Michel Cannarsa/ Cristina Poncibò (eds.), *The Cambridge Handbook of Smart Contracts, Blockchain Technology and Digital Platforms*, Cambridge University Press: Cambridge (2020), 102-117.

[47] Cf. Hugo Ramos Alves, Smart contracts: *entre a tradição e a inovação*, em António Menezes Cordeiro/ Ana Perestrelo de Oliveira/ Diogo Pereira Duarte (org.), *FinTech II: Novos estudos sobre tecnologia financeira*, Almedina: Coimbra (2019), 181-216 (205). Neste sentido, na literatura estrangeira distingue-se entre *smart legal contract* e *smart contract code*. O primeiro é apenas uma utilização específica do segundo e refere-se a uma forma de utilizar programas informáticos, que podem funcionar com recurso à tecnologia *blockchain*, para complementar ou substituir contratos, *i.e.*, está em causa a utilização de código informático para articular, verificar e fazer cumprir um acordo entre partes – Josh Stark, *Making Sense of Blockchain Smart Contracts*, (2016).

[48] Neste sentido Pedro Ferreira Malaquias/ Luís Alves Dias, Smart contracts: *alguns contributos teóricos e práticos*, em *Actualidad Jurídica Uría Menéndez*, n.º 52, (2019), 53-62 (56).

só acede à informação presente numa transação ou no histórico de transações da *blockchain*, não sendo a informação sobre sistemas externos diretamente acessível. Esta limitação é ultrapassada através do recurso aos chamados oráculos, que são prestadores de serviços que fornecem informação sobre o mundo material[49].

É possível distinguir entre dois tipos de oráculos: *software/hardware* e *inbound/outbound*. Os oráculos *software* geralmente extraem informação de fontes da *web*, enquanto os oráculos *hardware* são utilizados para recolher informação do mundo material através de sensores. Por sua vez, os oráculos *inbound* são utilizados para "inserir informação" na *blockchain*[50], enquanto os oráculos *outbound* servem para refletir para o mundo material «*a blockchain state*»[51].

Por fim, atendendo em particular à utilização de *smart contracts* no mercado de instrumentos financeiros, evidencia-se que os mesmos têm sido utilizados nas ofertas iniciais de criptoativos (*Initial Coin Offerings ou Initial Token Offerings*) («ICO»)[52], que podem ser entendidas como um meio de financiamento alternativo que permite a captação de fundos do público através da distribuição de criptoativos, sendo utilizadas, especialmente, para o financiamento de novos projetos, ideias e start-ups[53].

[49] Cf. Xiwei Xu/ Ingo Weber/ Mark Staples/ Liming Zhu/ Jan Bosch/ Len Bass/ Cesare Pautasso/ Paul Rimba, *A Taxonomy of Blockchain-Based Systems for Architecture Design*, (2017), 175. Deve ainda notar-se que os oráculos não introduzem a informação diretamente na *blockchain*, mas assinam os *scripts* de desbloqueio com a sua chave privada quando um evento *off-chain* se revela como verdadeiro ou como tendo ocorrido – cf. Eliza Mik, *Blockchains A Technology for Decentralized Marketplaces*, em Larry A. Dimatteo/ Michel Cannarsa/ Cristina Poncibò (eds.), *The Cambridge Handbook of Smart Contracts, Blockchain Technology and Digital Platforms*, Cambridge University Press: Cambridge (2020), 160-182, (175).

[50] Quanto à forma de introdução da informação vide a nota de rodapé anterior.

[51] Valentina Gatteschi/ Fabrizio Lamberti/ Claudio Demartini, *Technology of Smart Contracts*, em Larry A. Dimatteo/ Michel Cannarsa/ Cristina Poncibò (eds.), *The Cambridge Handbook of Smart Contracts, Blockchain Technology and Digital Platforms*, Cambridge University Press: Cambridge (2020), 37-58 (44).

[52] É também comum encontrar o recurso ao termo *Security Token Offerings*, que se refere particularmente a uma oferta de criptoativos classificados como valores mobiliários ou outros instrumentos financeiros.

[53] Neste sentido cf. Pawel Szwajdler, *Considerations on the Construction of Future Financial Regulations in the Field of Initial Coin Ofering*, em European Business Organization Law Review, Vol. 23, (2022), 680–681.

Considere-se um exemplo de funcionamento de *smart contracts* no âmbito de ICO: os sujeitos que pretendam investir numa determinada empresa ou projeto enviam os fundos (por exemplo criptoativos com finalidade de pagamento[54]) para o endereço de determinado *smart contract* que lhes é fornecido. O *smart contract* armazena o montante recebido de cada sujeito e envia para os respetivos endereços um determinado montante de criptoativos emitidos. Pode estabelecer-se que os criptoativos emitidos sejam entregues aos seus adquirentes imediatamente ou apenas passado certo período de tempo. Pode ainda convencionar-se que os criptoativos sejam entregues somente se for atingido determinado montante mínimo de investimento (*soft-cap*), caso contrário, haverá automaticamente lugar ao reembolso dos fundos recebidos. Além disso, pode ser fixado um montante máximo de investimento (*hard-cap*)[55].

1.3. Criptoativos

1.3.1. Conceito

Os criptoativos são uma das principais aplicações da DLT, em particular da tecnologia *blockchain* e têm uma expressão significativa no domínio financeiro.

São diversos os termos atualmente utilizados para fazer referência essencialmente à mesma realidade, nomeadamente, *crypto-assets,*

[54] Cf. Ponto 1.3.3., a) *infra*.

[55] Neste sentido e para um estudo mais aprofundado sobre ICO reenvia-se para João Vieira dos Santos, *Regulação de Formas de Financiamento Empresarial FinTech: Em especial o Crowdfunding e as Initial Coin Offerings*, Almedina: Coimbra (2022), 457-544; José Campino, Ana Brochado e Álvaro Rosa, *Initial coin offerings (ICOs): Why do they succeed?*, em Finance Innovation 8, no. 17, (2022); José Engrácia Antunes, *A Moeda. Estudo Jurídico e Económico*, Almedina: Coimbra (2021), 240-242; Pawel Szwajdler, *Considerations on the Construction of Future Financial Regulations in the Field of Initial Coin Ofering*, em European Business Organization Law Review, Vol. 23, (2022), 671–709; e Umit Hacioglu, *Blockchain Economics and Financial Market Innovation: Financial Innovations in the Digital Age, Contributions to Economics*, Springer Nature: Switzerland (2019), 61–81.

crypto-currencies, virtual currencies, virtual assets, digital tokens ou simplesmente *tokens*.

Sem prejuízo da nossa preferência pela terminologia «criptoativo», dado que apresenta consagração nos recentes diplomas europeus, nomeadamente no Regulamento MiCA e no Regulamento DLT, e é utilizada por diversas organizações internacionais[56], para efeitos da presente análise, o termo «token» é empregue de forma sinonímia com aquele outro.

Ao longo da nossa investigação, identificámos uma utilização notória do termo *token* no domínio dos mercados de criptoativos. Este termo é utilizado, por vezes, para se referir a criptoativos ou a certo tipo de criptoativos, mas também como componente integrante da denominação atribuída a diversas figuras emergentes naqueles mercados (por exemplo, *Initial Token Offerings, Security Token Offering, assets tokenisation, payment tokens, utility tokens, investment tokens, hybrid tokens*). Observe-se ainda que é comum, em domínios emergentes, pelo menos numa fase inicial de compreensão do(s) fenómeno(s) em causa, o recurso a termos diferentes para expressar mais ou menos o mesmo, podendo ainda surgir discordâncias e desentendimentos em vários aspetos relacionados com o(s) fenómeno(s) em causa e, no limite, podendo surgir definições díspares para o(s) mesmo(s) conceito(s).

Não existe (ainda) uma definição universal e, no limite, até consensual, de criptoativo, nem uma taxonomia internacionalmente acordada[57]. No entanto, para efeitos da presente análise, perfilhamos a definição prevista no artigo 3.º, n.º 1, ponto 5, do Regulamento MiCA, nos termos do qual, por criptoativo deve entender-se «uma representação digital de um valor ou de um direito que pode ser transferida

[56] Cf. Basel Committee on Banking Supervision, *Prudential treatment of cryptoasset exposures*, (2022); Financial Stability Board, *Regulation, Supervision and Oversight of Crypto-Asset Activities and Markets*, (2022); International Organization of Securities Commission, *IOSCO Crypto--Asset Roadmap for 2022-2023*, (2022).

[57] Cf. Financial Stability Board, *Regulation, Supervision and Oversight of Crypto-Asset Activities and Markets*, (2022), 11.

e armazenada eletronicamente, recorrendo à tecnologia de registo distribuído ou a uma tecnologia semelhante»[58-59].

Assim, o conceito de criptoativo é caracterizado pelos seguintes elementos: (i) a representação de valores ou direitos; (ii) a utilização da DLT ou tecnologia semelhante como sua base tecnológica; e (iii) a possibilidade de transferência e armazenamento.

No contexto da representação de valores ou direitos, é importante esclarecer que os criptoativos que representam valores possuem um valor monetário ou valor económico intrínseco. Estes são frequentemente utilizados como meio de pagamento, unidade de conta ou reserva de valor, exemplificados pelos *bitcoin, ether* e *stablecoins* em geral. No entanto, os criptoativos também podem representar diversos direitos, como, por exemplo, o direito de propriedade de ativos digitais ou físicos, o direito de acesso a determinado conteúdo digital, o direito de sócio relacionado com a participação social em sociedade comercial, entre outros.

Relativamente à utilização da DLT ou tecnologia similar, é admissível a *blockchain*, que é o tipo de DLT mais conhecido, em qualquer uma das modalidades alternativas analisadas acima, no Ponto 1.1.2. No que concerne a tecnologia semelhante à DLT, entendemos que devem ser considerados os sistemas e as estruturas informáticas que compartilhem as características fundamentais da DLT, nomeadamente, em matéria de distribuição, segurança e registo de informação.

No âmbito da possibilidade de transferência e armazenamento, levanta-se a questão de saber se o requisito da transferência deve ser aferido em abstrato ou em concreto. A circunstância de determinado criptoativo ser emitido através da DLT e daí resultar a suscetibilidade de o mesmo ser transferido no registo distribuído deve ser suficiente

[58] Cf. em sentido semelhante ESMA, *Advice on Initial Coin Offerings and Crypto-Assets*, (2019), 42.

[59] No âmbito do procedimento legislativo ordinário para a adoção do Regulamento MiCA foram inúmeras as propostas de alteração à definição de criptoativo constante da versão do diploma inicialmente apresentada pela Comissão Europeia, podendo as propostas de alteração ao então artigo 3.º, n.º 1, alínea *b)* da Proposta de Regulamento MiCA, que foram apresentadas na Comissão dos Assuntos Económicos e Monetários, ser consultadas em: https://www.europarl.europa.eu/doceo/document/ECON-AM-693740_PT.html (último acesso em 29 de setembro de 2023).

para se considerar verificado este requisito? Ou é necessário que a sua transmissibilidade seja concretamente assegurada?

A transmissibilidade abstrata parece ser suficiente por dois motivos. Por um lado, a expressão utilizada pelo legislador europeu "pode ser transferida e armazenada" alude a uma possibilidade e sugere uma condição de flexibilidade. Por outro lado, as DLT assentam numa lógica de transações e transferência de dados. Deste modo, entende-se que a verificação do requisito da possibilidade de transferência confirma-se com a mera aptidão do criptoativo emitido em ser transferido.

Não obstante, admite-se que este requisito possa ser afastado por via técnica, através da configuração informática de restrições à transferência de um ativo digital específico, por exemplo através de *smart contracts*, ou por meio de disposições contratuais que limitem a transferência de determinado ativo digital.

Em suma, a partir da exposição antecedente pode inferir-se que o criptoativo é um conceito lato que pode representar um valor monetário ou uma ampla variedade de situações jurídicas, desde que sejam representados digitalmente com recurso à DLT ou a tecnologia análoga e desde que seja possível transferir e armazenar o criptoativo.

1.3.2. Figuras afins

Conceito próximo, mas distinto, é o de moeda virtual (*virtual currency*) previsto na Quinta Diretiva AML[60].

A Quinta Diretiva AML define, no artigo 1.º, n.º 2, alínea *d)*, moeda virtual como «uma representação digital de valor que não seja emitida ou garantida por um banco central ou uma autoridade pública, que não esteja necessariamente ligada a uma moeda legalmente estabelecida e não possua o estatuto jurídico de moeda ou dinheiro, mas que

[60] Cf. Diretiva (UE) 2018/843 do Parlamento Europeu e do Conselho, de 30 de maio de 2018 que altera a Diretiva (UE) 2015/849 relativa à prevenção da utilização do sistema financeiro para efeitos de branqueamento de capitais ou de financiamento do terrorismo e que altera as Diretivas 2009/138/CE e 2013/36/EU.

é aceite por pessoas singulares ou coletivas como meio de troca e que pode possa ser transferida, armazenada e comercializada por via eletrónica». Todavia, desde outubro de 2018, as recomendações do Grupo de Ação Financeira Internacional («GAFI»)[61] deixam de se referir a moedas virtuais (*virtual currencies*) e passam a aludir aos ativos virtuais (*virtual assets*). Tais recomendações compreendem na definição de ativos virtuais a finalidade de investimento, o que expande consideravelmente os criptoativos que passam a estar abrangidos. Adicionalmente, incluem outras atividades relacionadas com ativos virtuais que são consideradas pelo GAFI como passíveis de suscitarem preocupações em matéria de branqueamento de capitais e financiamento do terrorismo, para além da prestação de serviços de câmbio entre moedas virtuais e moedas fiduciárias e da prestação de serviços de custódia de carteiras, já previstas na Quinta Diretiva AML[62].

Entre nós, o legislador português, ao transpor a Quinta Diretiva AML para o ordenamento jurídico português, teve em consideração as recomendações do GAFI revistas. No âmbito da transposição da Quinta Diretiva AML[63] adotou-se (e muito bem) o conceito de «ativo virtual» em vez de «moeda virtual». A Lei n.º 83/2017, de 18 de agosto, que estabelece as medidas de natureza preventiva e repressiva de combate ao branqueamento de capitais e ao financiamento do terrorismo, conforme

[61] Cf. GAFI (2012-2023), *International Standards on Combating Money Laundering and the Financing of Terrorism & Proliferation*, Paris, (2023). Adicionalmente, a este respeito, cf. GAFI, *Targeted Update on Implementation of the FATF Standards on Virtual Assets/VASPs*, Paris, (2023).

[62] Para uma análise do conceito de moeda virtual reenvia-se para José Engrácia Antunes, *A Moeda. Estudo Jurídico e Económico*, Almedina: Coimbra (2021), 187-224. Em particular, sobre a definição de moeda virtual consagrada na Quinta Diretiva AML cf. Lars Haffke/ Mathias Fromberger/ Patrick Zimmermann, *Virtual Currencies and Anti-Money Laundering – The Shortcomings of the 5th AML Directive (EU) and How to Address Them*, em Journal of Banking Regulation, Vol. 21, (2020), 125-138. Adicionalmente, para uma distinção entre moeda virtual e criptoativo *latu sensu* e uma distinção entre criptomoedas, moedas digitais e moedas virtuais cf., respetivamente, Diogo Pereira Coelho, *Da construção da definição legal de criptoativo prevista no MiCA, incluindo das subcategorias legais: brevíssimo resumo*, em João Vieira dos Santos/ João Luz Soares/ Martinho Lucas Pires/ Guilherme Maia (coord.), *MiCA – Estudos sobre a Nova Regulação Europeia de Criptoativos*, Almedina: Coimbra (2023), 377-432 (409-411); e Paulo Duarte, *As criptomoedas no Regulamento MiCA*, em João Vieira dos Santos/ João Luz Soares/ Martinho Lucas Pires/ Guilherme Maia (coord.), *MiCA – Estudos sobre a Nova Regulação Europeia de Criptoativos*, Almedina: Coimbra (2023), 433-446 (436-438).

[63] Através da Lei n.º 58/2020, de 31 de agosto, que alterou a Lei n.º 83/2017, de 18 de agosto.

alterada («Lei n.º 83/2017»), define ativo virtual como «uma representação digital de valor que não esteja necessariamente ligada a uma moeda legalmente estabelecida e que não possua o estatuto jurídico de moeda fiduciária, valor mobiliário ou outro instrumento financeiro, mas que é aceite por pessoas singulares ou coletivas como meio de troca ou de investimento e que pode ser transferida, armazenada e comercializada por via eletrónica». O conceito de ativo virtual foi inicialmente introduzido pela Lei n.º 58/2020, de 31 de agosto, e posteriormente alterado pela Lei n.º 99-A/2021, de 31 de dezembro. Importa sublinhar que, de acordo com a atual definição de ativos virtuais, os criptoativos classificados como valores mobiliários ou qualquer outro instrumento financeiro estão excluídos do âmbito desta definição. Por outro lado, no âmbito da Lei n.º 83/2017, salienta-se a inclusão de atividades adicionais previstas nas recomendações GAFI revistas, nomeadamente os serviços de troca entre um ou mais ativos virtuais e os serviços de transferência de ativos virtuais.

Neste contexto, as entidades que exerçam atividades com ativos virtuais em território português devem registar-se junto do Banco de Portugal e estão sujeitas aos deveres preventivos do branqueamento de capitais e do financiamento do terrorismo nos termos do disposto na Lei n.º 83/2017. O Banco de Portugal é a autoridade competente quer para o registo, quer para a verificação do cumprimento das disposições legais e regulamentares aplicáveis[64-65].

[64] Cf. artigos 2.º, n.º 1, alíneas ll) e mm), artigo 4.º, n.º 1, alínea o) e n.º 6, 89.º, n.º 1, alínea j) e 112.º-A, todos da Lei n.º 83/2017, de 18 de agosto, na sua redação atual.

[65] Para um estudo comparativo do regime jurídico atualmente aplicável aos prestadores de serviços com ativos virtuais em Portugal e do quadro legal dos prestadores de serviços de criptoativos consagrado no Regulamento MiCA, ao abrigo do qual, aqueles primeiros, terão de obter uma autorização para poder continuar a exercer a sua atividade em Portugal, reenvia-se para Luís Roquette Geraldes/ Vera Esteves Cardoso/ Ashick Remetula, *Do virtual para o crypto*, em João Vieira dos Santos/ João Luz Soares/ Martinho Lucas Pires/ Guilherme Maia (coord.), *MiCA – Estudos sobre a Nova Regulação Europeia de Criptoativos*, Almedina: Coimbra (2023), 671-699 (672-693); e Nuno Lima da Luz/ Rodrigo Gomes Viegas, *Da Autorização de Prestadores de Serviços de Criptoativos no regime do Regulamento relativo aos Mercados de Criptoativos – Breves notas*, em João Vieira dos Santos/ João Luz Soares/ Martinho Lucas Pires/ Guilherme Maia (coord.), *MiCA – Estudos sobre a Nova Regulação Europeia de Criptoativos*, Almedina: Coimbra (2023), 645-669 (654-669).

Destacam-se também o Aviso n.º 3/2021 do Banco de Portugal, que regulamenta as normas relativas ao processo de registo das entidades que exerçam atividades com ativos virtuais junto do Banco de Portugal[66] e o Aviso n.º 1/2023 do Banco de Portugal, que estabelece os aspetos necessários a assegurar o cumprimento dos deveres de combate ao branqueamento de capitais e ao financiamento do terrorismo, no âmbito da atividade das entidades que exercem atividades com ativos virtuais[67].

É importante observar adicionalmente que, em março de 2021, a Autoridade Bancária Europeia («EBA») publicou as Orientações revistas relativas ao dever de diligência quanto à clientela e aos fatores que as instituições de crédito e financeiras devem ter em consideração na avaliação do risco de branqueamento de capitais e financiamento do terrorismo associado a relações de negócio individuais e transações ocasionais (EBA/GL/2021/02) («Orientações relativas aos Fatores de Risco de BC/FT»). Nestas Orientações, a EBA atendeu às alterações introduzidas pela Quinta Diretiva AML e manteve-se fiel ao texto daquele diploma, desde logo, na utilização da terminologia moedas virtuais (*virtual currencies*)[68]. No entanto, recentemente, assinale-se que as Orientações relativas aos Fatores de Risco de BC/FT foram novamente

[66] Em particular, o Aviso n.º 3/2021 do Banco de Portugal «regulamenta as normas relativas ao processo de registo junto do Banco de Portugal aplicável às entidades que exerçam atividades com ativos virtuais, previstas no artigo 112.º-A da Lei n.º 83/2017, de 18 de agosto, concretizando os requisitos e demais formalidades a que deve obedecer quer o registo inicial, quer as alterações subsequentes que se verifiquem aos elementos a registar, através da padronização dos elementos a reportar e do estabelecimento de formulários» – cf. preâmbulo do Aviso n.º 3/2021 do Banco de Portugal.

[67] Em particular, o Aviso n.º 1/2023 do Banco de Portugal regulamenta as condições de exercício, os procedimentos, os mecanismos, as formalidades de aplicação, as obrigações de prestação de informação e os demais aspetos necessários a assegurar o cumprimento dos deveres preventivos do branqueamento de capitais e financiamento do terrorismo, e os meios e mecanismos necessários ao cumprimento daqueles deveres pelas entidades que exercem atividades com ativos virtuais (cf. artigo 1.º).

[68] A versão consolidada das Orientações relativas aos Fatores de Risco de BC/FT, conforme alteradas pelas Orientações EBA/GL/2023/03 (aplicáveis a partir de 3 de novembro de 2023), pode ser consultada em: https://www.eba.europa.eu/regulation-and-policy/anti-money-laundering-and-e-money/revised-guidelines-on-ml-tf-risk-factors (último acesso em 23 de setembro de 2023). Vide particularmente os pontos 9.20 a 9.23 das Orientações relativas aos Fatores de Risco de BC/FT.

revistas pela EBA[69] na sequência da entrada em vigor do Regulamento (UE) 2023/1113 do Parlamento Europeu e do Conselho de 31 de maio de 2023, relativo às informações que acompanham as transferências de fundos e de determinados criptoativos e que altera a Diretiva (UE) 2015/849 (reformulação) («Regulamento Transferência de Fundos»)[70], aplicável a partir de 30 de dezembro de 2024[71].

O Regulamento Transferência de Fundos introduz novas regras quanto às informações que devem acompanhar as transferências de fundos e alarga o âmbito de aplicação dos requisitos de rastreabilidade às transferências com criptoativos[72]. Além disso, estabelece requisitos em matéria de políticas, procedimentos e controlos internos aplicáveis aos prestadores de serviços de pagamento ou prestadores de serviços de criptoativos. Em particular, o diploma reconhece que as evoluções no cenário internacional, em especial no contexto do GAFI, demandam a regulamentação de novas categorias de prestadores de serviços de ativos virtuais que ainda não estão abrangidas pela Diretiva (UE) 2015/849[73] («Diretiva AML») e exigem alargar a definição atual

[69] Cf. Orientações EBA/GL/2024/01 que alteram as Orientações EBA/2021/02, relativas aos Fatores de Risco de BC/FT, ao introduzir novas recomendações específicas para os prestadores de serviços de criptoativos, nomeadamente sobre fatores de risco que os prestadores de serviços de criptoativos devem ter em consideração na avaliação do risco de BC/FT e medidas de diligência quanto à clientela. Estas orientações serão aplicáveis a partir de 30 de dezembro de 2024 e podem ser consultadas em: https://www.eba.europa.eu/publications-and-media/press-releases/eba-issues-guidance-crypto-asset-service-providers (último acesso em 20 de janeiro de 2024).

[70] Este ato legislativo europeu pode ser consultado em: https://eur-lex.europa.eu/legal-content/EN/TXT/?uri=CELEX%3A32023R1113 (último acesso em 29 de setembro de 2023).

[71] Cf. artigo 40.º do Regulamento Transferência de Fundos. Note-se que a partir daquela data é também revogado o Regulamento (UE) 2015/847 do Parlamento Europeu e do Conselho, de 20 de maio de 2015, relativo às informações que acompanham as transferências de fundos e que revoga o Regulamento (CE) n.º 1781/2006, conforme alterado (cf. artigo 39.º do Regulamento Transferência de Fundos).

[72] Para um enquadramento geral da relação entre criptoativos e o combate ao branqueamento de capitais e ao financiamento do terrorismo cf. Joana Neto, *O combate ao branqueamento de capitais e ao financiamento do terrorismo no novo paradigma Europeu de regulação e supervisão de criptoativos*, em João Vieira dos Santos/ João Luz Soares/ Martinho Lucas Pires/ Guilherme Maia (coord.), *MiCA – Estudos sobre a Nova Regulação Europeia de Criptoativos*, Almedina: Coimbra (2023), 137-149.

[73] Cf. Diretiva (UE) 2015/849 do Parlamento Europeu e do Conselho de 20 de maio de 2015 relativa à prevenção da utilização do sistema financeiro para efeitos de branqueamento de capitais ou de financiamento do terrorismo, que altera o Regulamento (UE) n.º 648/2012 do Parlamento Europeu

de moeda virtual introduzida pela Quinta Diretiva AML. Para tal, o Regulamento Transferência de Fundos modifica a Diretiva AML. Esta modificação abrange a inclusão dos conceitos de criptoativo e de prestador de serviços de criptoativos consagrados no Regulamento MiCA e assegura a coerência da legislação europeia (cf. artigo 38.º do Regulamento Transferência de Fundos). Salienta-se que as definições de ativos virtuais e de prestadores de serviços de ativos virtuais previstas nas recomendações do GAFI revistas têm correspondência com as definições de criptoativos e de prestadores de serviços de criptoativos consagradas no Regulamento MiCA[74].

Do exposto, resulta claro que não existe uma uniformização da terminologia empregue no domínio dos criptoativos, nomeadamente no âmbito das fontes internacionais e das fontes europeias e nacionais. No contexto das recomendações do GAFI revistas para a prevenção do branqueamento de capitais e do financiamento do terrorismo, faz-se uso do conceito de ativo virtual. No plano da legislação europeia, observa-se atualmente a adoção do conceito de criptoativo conforme definido no Regulamento MiCA.

Apesar das diferentes terminologias, os conceitos de ativos virtuais e de criptoativos mencionados são substancialmente idênticos.

1.3.3. Categorização de criptoativos: quadro geral

Os criptoativos, como se viu, representam digitalmente valores ou direitos, podendo representar situações jurídicas de complexidade e natureza variáveis.

Na literatura nacional e estrangeira, é frequente encontrar uma categorização tripartida de criptoativos atentas as finalidades (mais

e do Conselho, e que revoga a Diretiva 2005/60/CE do Parlamento Europeu e do Conselho e a Diretiva 2006/70/CE da Comissão, conforme alterada.

[74] Cf. considerando 10 do Regulamento Transferência de Fundos.

comuns) que podem assumir, distinguindo-se usualmente entre: *payment tokens*, *utility tokens* e *investment tokens*[75].

a) *Payment tokens* ou criptoativos de pagamento, por vezes também denominados *virtual currencies* ou *cryptocurrencies*, são um tipo de criptoativos que são utilizados como meio de troca ou de pagamento de bens ou de serviços. Deve ainda notar-se um subtipo em particular: os *stablecoins*. Os *stablecoins* são criptoativos de pagamento com características particulares que visam a estabilização do seu valor. Do ponto de vista jurídico, como se verá,

[75] Sobre a distinção entre estas categorias ou outras semelhantes, na literatura nacional, cf. António Garcia Rolo, *As criptomoedas como meio de financiamento e a qualificação dos tokens de investimento emitidos em ofertas públicas de moeda (ICO) como valores mobiliários*, em António Menezes Cordeiro/ Ana Perestrelo de Oliveira/ Diogo Pereira Duarte (org.), *FinTech II: Novos estudos sobre tecnologia financeira*, Almedina: Coimbra (2019), 249-298 (251-263); António Garcia Rolo, *Challenges in the legal qualification of decentralised autonomous organisations (DAOS): the rise of the crypto-partnership?*, em Revista de Direito e Tecnologia, Vol. 1, N.º 1, (2019), 33-87 (44-45); António Garcia Rolo, *Criptoativo – Conceito, Modalidades, Regime e Distinção de Figuras Afins*, CIDP research paper no. 18, (2022), 12-15; João Vieira dos Santos, *Desafios jurídicos e regulatórios das* Initial Coin Offerings, em António Menezes Cordeiro/ Ana Perestrelo de Oliveira/ Diogo Pereira Duarte (org.), *FinTech II: Novos estudos sobre tecnologia financeira*, Almedina: Coimbra (2019), 299-325 (306-310); João Vieira dos Santos, *Regulação de Formas de Financiamento Empresarial FinTech: Em especial o Crowdfunding e as Initial Coin Offerings*, Almedina: Coimbra (2022), 450-452; José Engrácia Antunes, *A Moeda. Estudo Jurídico e Económico*, Almedina: Coimbra (2021), 220-223; Luís Guilherme Catarino, *Inovação financeira e icos: mercados privados alternativos?*, em *CEDIPRE online*, n.º 36, (2019), 40-44; Luís Roquette Geraldes/ Mariana Solá de Albuquerque/ João Lima da Silva, ICOs: *security tokens vs. utility tokens*, em António Menezes Cordeiro/ Ana Perestrelo de Oliveira/ Diogo Pereira Duarte (org.), *FinTech II: Novos estudos sobre tecnologia financeira*, Almedina: Coimbra (2019), 327-361 (335-348); Madalena Perestrelo Oliveira, *As recentes tendências da FinTech: disruptivas e colaborativas*, em António Menezes Cordeiro/ Ana Perestrelo de Oliveira/ Diogo Pereira Duarte (org.), *FinTech: Novos Desafios da tecnologia* financeira, 2ª ed., Almedina: Coimbra (2019), 57-58; e Pedro Ferreira Malaquias, *Criptoativos – uma realidade de hoje*, em Actualidad Jurídica Uría Menéndez, n.º 56, (2021), 29-70 (37-38). Quanto à distinção na literatura estrangeira cf. EIOPA, *Discussion Paper on Blockchain and Smart Contracts in Insurance*, (2021), 8; Philipp Hacker/ Chris Thomale, *Crypto-Securities Regulation: ICOs, Token Sales and Cryptocurrencies under EU Financial Law*, (2019), 13; Robert Reinhart Schuller, *Criptoactivos: Categorización jurídica de los criptoactivos e introducción a la tecnologia DLT/Blockchain*, em Cuadernos de Derecho Transnacional, Vol. 14, N.º 2, (2022), 760-764; Salvatore Casarrubea, *Il ruolo del white paper sulle offerte al pubblico di cripto-attività alla luce della proposta MiCA*, em Rivista Orizzonti del Diritto Commerciale, Fascicolo 1, (2022), 217-224; e Tina van der Linden/ Tina Shirazi, *Markets in crypto-assets regulation: Does it provide legal certainty and increase adoption of crypto-assets?*, em Financial Innovation, Vol. 9, no. 22, (2023), 5-7.

os *stablecoins* serão naturalmente alvo de um maior escrutínio e estarão sujeitos a regras mais exigentes no seio da União Europeia, uma vez que se afiguram como suscetíveis de pôr em causa a estabilidade financeira e a política monetária na zona euro.

b) *Utility tokens* ou criptoativos de consumo são um tipo de criptoativos com função de utilidade diferente de meio de troca ou de pagamento de bens ou serviços, geralmente conferindo ao seu titular o acesso digital a um bem ou serviço[76].

c) *Investment tokens* ou criptoativos de investimento são um tipo de criptoativos com função de investimento. A sua finalidade reside na «obtenção de proveitos, não só decorrentes da sua posterior transação, mas também lucros, remuneração (periódica ou única) ou outras vantagens resultantes de uma atividade económica de terceiros ou do exercício de direitos económicos que lhe são inerentes»[77]. Observe-se ainda que é usual proceder-se à listagem e admissão à negociação de criptoativos em plataformas de negociação de criptoativos, que funcionam como mercado secundário, permitindo conferir liquidez aos titulares dos criptoativos aí admitidos à negociação[78]. Assim, alguns criptoativos, ainda que tenham sido criados com outra finalidade, terão também uma componente de investimento. É o caso, por exemplo, do Bitcoin (*payment token*) e do Filecoin (*utility token*).

Note-se que o *Securities and Markets Stakeholder Group* («SMSG») chegou mesmo a propor a consideração da inclusão na lista de instrumentos financeiros da Diretiva Mercados de Instrumentos Financeiros[79]

[76] Cf. ESMA, *Advice on Initial Coin Offerings and Crypto-Assets*, (2019), 43.

[77] Luís Guilherme Catarino, *Inovação financeira e ICOs: mercados privados alternativos?*, (2019), 43.

[78] Para um estudo sobre as plataformas de negociação de criptoativos reenvia-se para Ana Isabel Sousa Magalhães Guerra, *Vicissitudes das plataformas eletrónicas de negociação de criptoativos*, em João Vieira dos Santos/ João Luz Soares/ Martinho Lucas Pires/ Guilherme Maia (coord.), *MiCA – Estudos sobre a Nova Regulação Europeia de Criptoativos*, Almedina: Coimbra (2023), 741-763.

[79] Cf. Diretiva 2014/65/UE do Parlamento Europeu e do Conselho, de 15 de maio de 2014, relativa aos mercados de instrumentos financeiros e que altera a Diretiva 2002/92/CE e a Diretiva 2011/61/UE (reformulação), na sua redação atual («DMIF II»). Este diploma pode ser consultado

(«DMIF II») de *payment tokens* e *utility tokens* que fossem negociados em mercado secundário, por considerar que os riscos que emergem são similares aos riscos no mercado de instrumentos financeiros, nomeadamente manifestam-se preocupações com a proteção dos investidores e o abuso de mercado[80]. Foram diversas as considerações que levaram a que essa opção fosse afastada, nomeadamente o fraco apoio das autoridades competentes nacionais à criação de uma nova categoria de instrumentos financeiros para os criptoativos. Tal suscitaria confusão e criaria arbitragem regulatória entre as categorias existentes de instrumentos financeiros (por exemplo, valores mobiliários "tradicionais") e a nova categoria (por exemplo, *investment tokens* com características idênticas a valores mobiliários "tradicionais", mas emitidos numa DLT). Além disso, esta opção colocaria todos os criptoativos, alguns dos quais substancialmente diferentes dos instrumentos financeiros "tradicionais" (incluindo *payment tokens* e *utility tokens*), sob a alçada da DMIF II[81]. Finalmente, a este respeito, importa frisar que os criptoativos de investimento que não se qualifiquem como instrumentos financeiros "tradicionais", *i.e.*, instrumentos financeiros na aceção do artigo 4.º, n.º 1, ponto 15, da DMIF II, são, em princípio, abrangidos pelo âmbito de aplicação do Regulamento MiCA[82].

em: https://eur-lex.europa.eu/legal-content/EN/TXT/?uri=CELEX%3A02014L0065-20230323 (último acesso em 29 de setembro de 2023).

[80] Cf. SMSG, *Advice to ESMA, Own Initiative Report on Initial Coin Offerings and Crypto-Assets*, (2018). Em particular sobre a distinção entre *utility tokens* e *security tokens*, cf. Luís Roquette Geraldes/ Mariana Solá de Albuquerque/ João Lima da Silva, ICOs: *security tokens vs. utility tokens*, em António Menezes Cordeiro/ Ana Perestrelo de Oliveira/ Diogo Pereira Duarte (org.), *FinTech II: Novos estudos sobre tecnologia financeira*, Almedina: Coimbra (2019), 327-361 (336-344).

[81] Cf. Comissão Europeia, *Commission Staff Working Document Impact Assessment Accompanying the document Proposal for a Regulation of the European Parliament and of the Council on a pilot regime for market infrastructures based on distributed ledger technology*, (2020), 95.

[82] Sobre a proteção do consumidor ao abrigo do Regulamento MiCA reenvia-se para Iakovina Kindylidi, *Implicações do MiCAR para o Direito Português: Proteção do investidor não profissional-consumidor*, em João Vieira dos Santos/ João Luz Soares/ Martinho Lucas Pires/ Guilherme Maia (coord.), *MiCA – Estudos sobre a Nova Regulação Europeia de Criptoativos*, Almedina: Coimbra (2023), 207-221. Sobre o regime da prevenção do abuso de mercado estabelecido no referido diploma europeu reenvia-se para André de Gândara Gomes, *O abuso de mercado no MiCA: WAGMI?*, em João Vieira dos Santos/ João Luz Soares/ Martinho Lucas Pires/ Guilherme Maia (coord.), *MiCA – Estudos sobre a Nova Regulação Europeia de Criptoativos*, Almedina: Coimbra (2023), 787-810; e Diogo Pereira

Com efeito, o artigo 2.º, n.º 4, alínea a), do Regulamento MiCA exceciona a aplicação do regulamento aos criptoativos que caibam na categoria de instrumentos financeiros, encontrando-se, pois, todos os demais criptoativos de investimento abrangidos pelo seu âmbito de aplicação, com exceção daqueles que pertençam a alguma das demais categorias de produtos financeiros elencadas no artigo 2.º, n.º 4, e daqueles que sejam únicos e infungíveis com outros criptoativos (cf. artigo 2.º, n.º 3), os quais também se encontram excluídos do âmbito de aplicação do Regulamento MiCA.

Uma ilustração da complexidade em traçar uma categorização estanque dos criptoativos reside na existência de *hybrid tokens* ou criptoativos híbridos que combinam elementos de diversos tipos.

1.3.4. A categorização de criptoativos ao abrigo do Regulamento MiCA

Na União Europeia foram recentemente adotados diversos diplomas tendo em vista a regulamentação de criptoativos na sequência das propostas legislativas apresentadas pela Comissão Europeia, em setembro de 2020, no âmbito do pacote de «Financiamento Digital»[83], entre os quais o Regulamento DLT e o Regulamento MiCA.

De notar que o atual quadro regulatório europeu distingue entre os criptoativos abrangidos pelo âmbito de aplicação da legislação europeia existente em matéria de serviços financeiros e os demais criptoativos, continuando a aplicar, aos primeiros, as regras atualmente em vigor, juntamente com um regime-piloto para as infraestruturas de mercado baseadas em DLT (o Regulamento DLT) e relativamente aos últimos, estabelecendo uma regulação específica (o Regulamento MiCA), preenchendo a lacuna existente no direito europeu em matéria de regulação de atividades e serviços de criptoativos.

COELHO/ ALBERTO JOSÉ FIGUEIREDO, *Da relação entre o MiCA e o MAR: brevíssima introdução*, em João Vieira dos Santos/ João Luz Soares/ Martinho Lucas Pires/ Guilherme Maia (coord.), *MiCA – Estudos sobre a Nova Regulação Europeia de Criptoativos*, Almedina: Coimbra (2023), 89-113.

[83] Cf. COMISSÃO EUROPEIA, *Communication, Digital finance package*, (2020).

O Regulamento MiCA destina-se a pessoas singulares e coletivas envolvidas na emissão, oferta pública e admissão à negociação de criptoativos ou que prestam serviços de criptoativos na União Europeia, aplicando-se, por um lado, a emitentes e/ou oferentes e pessoas que visam a admissão à negociação de criptoativos[84] e, por outro lado, a prestadores de serviços de criptoativos[85].

O diploma é aplicável a ativos digitais que preencham a definição de criptoativos consagrada no seu artigo 3.º, n.º 1, ponto 5)[86], sublinhando-se que esta definição visou ser o mais ampla possível, a fim de abranger todos

[84] O emitente de criptoativos é quem emite os criptoativos, i.e., quem tem controlo sobre a criação de criptoativos (cf. artigo 3.º, n.º 1, ponto 10 e considerando 20 *in fine* do Regulamento MiCA). Note-se que, ao regular os criptoativos que não sejam criptofichas referenciadas a ativos nem criptofichas de moeda eletrónica (Outros Criptoativos), o Regulamento MiCA admite que o oferente e/ou pessoa que visa a sua admissão à negociação possa não ser o emitente dos criptoativos (cf. artigo 3.º, n.º 1, ponto 13). Já no caso da emissão de criptofichas referenciadas a ativos e de criptofichas de moeda eletrónica, o Regulamento MiCA obriga a que o oferente e/ou pessoa que visa a admissão à negociação desses criptoativos seja o emitente dos mesmos (cf. artigo 16.º, n.º 1, *in fine* e artigo 48.º, n.º 1, *in fine*), razão pela qual adota a terminologia «emitente» no caso dos Outros Criptoativos e «emitente requerente» no caso das criptofichas referenciadas a ativos e das criptofichas de moeda eletrónica, sendo que o conceito de «emitente requerente» vem definido como «um emitente de criptofichas referenciadas a ativos ou criptofichas de moeda eletrónica que requer autorização para fazer uma oferta pública ou solicita admissão à negociação desses criptoativos» (cf. artigo 3.º, n.º 1, ponto 11 do Regulamento MiCA).

[85] Cf. artigo 2.º, n.º 1 do Regulamento MiCA para a delimitação do âmbito subjetivo do diploma. Saliente-se, todavia, que o Regulamento MiCA consagra exclusões ao seu âmbito subjetivo de aplicação, designadamente, excluindo as entidades seguintes: i) pessoas que prestam serviços de criptoativos exclusivamente às suas empresas-mãe, às suas filiais ou a outras filiais das respetivas empresas-mãe; ii) liquidatário ou administrador que atue no decurso de um processo de insolvência, exceto para efeitos do artigo 47.º do Regulamento MiCA; iii) Banco Central Europeu, bancos centrais nacionais dos Estados-Membros, quando atuarem na sua qualidade de autoridades monetárias, ou outras autoridades públicas dos Estados-Membros; iv) Banco Europeu de Investimento e as suas filiais; v) Fundo Europeu para a Estabilidade Financeira e Mecanismo Europeu de Estabilidade; vi) organizações internacionais públicas, por exemplo, Fundo Monetário Internacional e Banco de Pagamentos Internacionais (cf. artigo 2.º, n.º 2 e considerando 12 do Regulamento MiCA).

[86] Saliente-se que o considerando 17 do Regulamento MiCA clarifica que: «[o]s ativos digitais que não possam ser transferidos para outros detentores não são abrangidos pela definição de criptoativos. Por conseguinte, os ativos digitais que sejam apenas aceites pelo emitente ou oferente e cuja transferência direta para outros titulares seja tecnicamente impossível deverão ser excluídos do âmbito de aplicação do presente regulamento. Os sistemas de fidelização em que os pontos de fidelidade podem apenas ser trocados por benefícios junto do emitente ou oferente desses pontos são um exemplo desses ativos digitais».

os tipos de criptoativos que atualmente não se enquadrem no âmbito da legislação europeia existente em matéria de serviços financeiros[87-88].

Em particular, o Regulamento MiCA distingue três subcategorias de criptoativos impondo diferentes requisitos em função dos riscos que implicam. Tal classificação baseia-se no facto de os criptoativos visarem estabilizar o seu valor por referência a outros ativos ou não. Com efeito, distingue-se entre criptoativos que se enquadram numa das seguintes categorias:

(i) Criptofichas referenciadas a ativos[89] – são criptoativos que visam manter o seu valor estável por referência a qualquer outro valor ou direito, ou uma combinação de ambos, incluindo uma ou

[87] Cf., a este propósito, o considerando 16 do Regulamento MiCA.

[88] Sobre a definição de criptoativo e a caracterização legal prevista no Regulamento MiCA cf. Diogo Pereira Coelho, *Da construção da definição legal de criptoativo prevista no MiCA, incluindo das subcategorias legais: brevíssimo resumo*, em João Vieira dos Santos/ João Luz Soares/ Martinho Lucas Pires/ Guilherme Maia (coord.), *MiCA – Estudos sobre a Nova Regulação Europeia de Criptoativos*, Almedina: Coimbra (2023), 417-431.

[89] Para um estudo transversal do regime aplicável às criptofichas referenciadas a ativos reenvia-se para Ana Nunes Teixeira, *Novas regras para as aquisições no setor dos criptoativos: as aquisições de emitentes de criptofichas referenciadas a ativos ao abrigo do Regulamento MiCA*, em João Vieira dos Santos/ João Luz Soares/ Martinho Lucas Pires/ Guilherme Maia (coord.), *MiCA – Estudos sobre a Nova Regulação Europeia de Criptoativos*, Almedina: Coimbra (2023), 513-535; André Fernandes Bento, *A Responsabilidade Civil na Emissão de Criptofichas Referenciadas a Ativos*, em João Vieira dos Santos/ João Luz Soares/ Martinho Lucas Pires/ Guilherme Maia (coord.), *MiCA – Estudos sobre a Nova Regulação Europeia de Criptoativos*, Almedina: Coimbra (2023), 499-511; Mafalda Ferreira Santos/ Francisco Boavida Salavessa/ Nuno Temudo Vieira/ José Eduardo Oliveira, *Asset Referenced Tokens (ARTs) e Electronic Money Tokens (EMTs): planos de recuperação e planos de reembolso; algumas questões sobre a liquidação de emitentes*, em João Vieira dos Santos/ João Luz Soares/ Martinho Lucas Pires/ Guilherme Maia (coord.), *MiCA – Estudos sobre a Nova Regulação Europeia de Criptoativos*, Almedina: Coimbra (2023), 609-629; Martinho Lucas Pires, *As obrigações dos emitentes de cripto-fichas referenciadas a ativos:* comunicação, tratamento, governo, e fundos próprios, em João Vieira dos Santos/ João Luz Soares/ Martinho Lucas Pires/ Guilherme Maia (coord.), *MiCA – Estudos sobre a Nova Regulação Europeia de Criptoativos*, Almedina: Coimbra (2023), 537-552; Tiago Correia Moreira/ Chen Chen, *Livro branco dos ARTs*, em João Vieira dos Santos/ João Luz Soares/ Martinho Lucas Pires/ Guilherme Maia (coord.), *MiCA – Estudos sobre a Nova Regulação Europeia de Criptoativos*, Almedina: Coimbra (2023), 483-498; e Verónica Fernández/ Guilherme Ribeiro Martins/ Catarina Mira Lança, *Requisitos dos emitentes de Criptoativos Referenciados a Ativos (Asset-Referenced Tokens) e processo de autorização*, em João Vieira dos Santos/ João Luz Soares/ Martinho Lucas Pires/ Guilherme Maia (coord.), *MiCA – Estudos sobre a Nova Regulação Europeia de Criptoativos*, Almedina: Coimbra (2023), 469-482.

mais moedas oficiais. Estão abrangidos todos os criptoativos diferentes das criptofichas de moeda eletrónica cujo valor esteja referenciado a ativos.

(ii) Criptofichas de moeda eletrónica[90] – são criptoativos que visam manter o seu valor estável por referência a apenas uma moeda oficial. A função desta subcategoria de criptoativos é muito semelhante à função das moedas eletrónicas[91], são substitutos eletrónicos das notas e moedas e são suscetíveis de serem utilizados para realizar pagamentos[92].

(iii) Outros Criptoativos – são todos os criptoativos que não sejam criptofichas de moeda eletrónica nem criptofichas referenciadas a ativos, cabendo nesta subcategoria os demais tipos de criptoativos, incluindo os *utility tokens* ou criptofichas de consumo (doravante, refere-se aos criptoativos incluídos nesta subcategoria como «Outros Criptoativos»)[93].

[90] Para o estudo de alguns aspetos do regime jurídico aplicável às criptofichas de moeda eletrónica reenvia-se para André Feiteiro/ Bruno Ferreira Vieira, *As criptofichas de moeda eletrónica e os seus requisitos: considerações quanto à emissão, colocação no mercado e atividade*, em João Vieira dos Santos/ João Luz Soares/ Martinho Lucas Pires/ Guilherme Maia (coord.), *MiCA – Estudos sobre a Nova Regulação Europeia de Criptoativos*, Almedina: Coimbra (2023), 553-571; Inês Bragança Gaspar, *Livrete do Criptoativo para Criptofichas de Moeda Eletrónica*, em João Vieira dos Santos/ João Luz Soares/ Martinho Lucas Pires/ Guilherme Maia (coord.), *MiCA – Estudos sobre a Nova Regulação Europeia de Criptoativos*, Almedina: Coimbra (2023), 573-587; José Costa Nobre/ Maria Bettencourt/ Rita Bairros, *O Regulamento MiCA perante a legislação setorial relativa a serviços de pagamento: a Diretiva dos Serviços de Pagamento e a Diretiva da Moeda Eletrónica*, em João Vieira dos Santos/ João Luz Soares/ Martinho Lucas Pires/ Guilherme Maia (coord.), *MiCA – Estudos sobre a Nova Regulação Europeia de Criptoativos*, Almedina: Coimbra (2023), 115-136 (124-129); e Rodrigue Devillet Lima/ Catarina Andrade Miranda, *EMTs: Responsabilidade*, em João Vieira dos Santos/ João Luz Soares/ Martinho Lucas Pires/ Guilherme Maia (coord.), *MiCA – Estudos sobre a Nova Regulação Europeia de Criptoativos*, Almedina: Coimbra (2023), 589-607.

[91] Conforme definidas no artigo 2.º, n.º 1, da Diretiva 2009/110/CE do Parlamento Europeu e do Conselho, de 16 de setembro de 2009, relativa ao acesso à atividade das instituições de moeda eletrónica, ao seu exercício e à sua supervisão prudencial.

[92] Mediante o preenchimento de determinados critérios, as criptofichas referenciadas a ativos e as criptofichas de moeda eletrónica podem ser classificadas como significativas e estar sujeitas a um regime especial ao abrigo do Regulamento MiCA. Sobre esta matéria, reenvia-se para Miguel Montenegro Silva, *ARTs e EMTs: soberania monetária e criptoativos significativos*, em João Vieira dos Santos/ João Luz Soares/ Martinho Lucas Pires/ Guilherme Maia (coord.), *MiCA – Estudos sobre a Nova Regulação Europeia de Criptoativos*, Almedina: Coimbra (2023), 631-643.

[93] Cf. considerando 18 do Regulamento MiCA. Adicionalmente, para uma análise sobre alguns aspetos do regime jurídico aplicável a Outros Criptoativos reenvia-se para João Vieira dos

Uma nota adicional justifica-se a propósito dos criptoativos algorítmicos. Saliente-se que se incluem nas subcategorias i) ou ii) *supra*, conforme o caso, os chamados *algorithmic stablecoins* ou criptomoedas algorítmicas estáveis, que são criptoativos que visam manter um valor estável em relação a uma moeda oficial ou em relação a um ou mais ativos por meio de protocolos que determinam o aumento ou a diminuição da respetiva oferta, em função das alterações na procura. Por seu turno, os demais criptoativos algorítmicos, i.e., que não sejam *algorithmic stablecoins*, caberão na subcategoria iii)[94].

Importa agora aludir aos criptoativos que se encontram excluídos do âmbito de aplicação objetivo do Regulamento MiCA.

Note-se que o Regulamento MiCA, nos termos do disposto no artigo 2.º, n.º 4, não se aplica a criptoativos que se enquadrem na categoria, conforme definida na legislação europeia ou nacional relevante, de i) instrumentos financeiros, ii) depósitos, incluindo depósitos estruturados, iii) fundos, exceto se forem criptofichas de moeda eletrónica, iv) posições de titularização, v) produtos de seguro não vida ou de vida ou contratos de resseguro e de retrocessão, vi) produtos de pensões que, ao abrigo do direito nacional, sejam reconhecidos como tendo por principal objetivo proporcionar aos investidores um rendimento na reforma e que conferem ao investidor o direito de receber determinadas prestações, vii) planos de pensões profissionais oficialmente reconhecidos, viii) produtos individuais de pensões de reforma relativamente aos quais o direito nacional exija uma contribuição financeira do empregador e no âmbito dos quais nem o empregador nem o trabalhador sejam livres de escolher o produto ou o prestador, ix) produtos individuais de reforma pan-europeus e x) regimes de segurança social.

Santos, *O direito de arrependimento nas ofertas públicas de criptoativos*, em João Vieira dos Santos/ João Luz Soares/ Martinho Lucas Pires/ Guilherme Maia (coord.), *MiCA – Estudos sobre a Nova Regulação Europeia de Criptoativos*, Almedina: Coimbra (2023), 457-467; e Salvador Antunes, *A nova obrigação de livrete para ofertas públicas de criptoativos que não sejam criptofichas referenciadas a ativos ou criptofichas de moeda eletrónica*, em João Vieira dos Santos/ João Luz Soares/ Martinho Lucas Pires/ Guilherme Maia (coord.), *MiCA – Estudos sobre a Nova Regulação Europeia de Criptoativos*, Almedina: Coimbra (2023), 447-455.

[94] Cf. considerando 41 do Regulamento MiCA.

O legislador europeu justifica estas exclusões no considerando 9 do Regulamento MiCA, ao notar que os criptoativos abrangidos pelos atos legislativos da União Europeia já em vigor em matéria de serviços financeiros, independentemente da tecnologia utilizada para a sua emissão ou transferência, devem continuar a ser regulamentados pela legislação em vigor e não pelo Regulamento MiCA. Daí que o diploma exclua expressamente do seu âmbito de aplicação os criptoativos considerados instrumentos financeiros ou outros produtos consagrados no seu artigo 2.º, n.º 4[95].

Adicionalmente, ao abrigo do disposto no artigo 2.º, n.º 3, do Regulamento MiCA, também estão excluídos do âmbito de aplicação objetivo deste diploma os criptoativos únicos e infungíveis com outros criptoativos (por exemplo, a arte digital e os artigos digitais colecionáveis), que são criptoativos cujo valor é imputável às suas características únicas e à utilidade que proporcionam ao seu detentor. O legislador europeu entendeu que a utilização para fins financeiros dos criptoativos únicos e infungíveis é limitada atendendo às suas características[96], pelo que os riscos para os seus detentores e para o sistema financeiro são, também eles, limitados, o que justifica a sua exclusão do âmbito de aplicação do Regulamento MiCA. Com efeito, os criptoativos comumente conhecidos como *non-fungible tokens* ou criptofichas não fungíveis («NFT») estão, em princípio, fora do âmbito de aplicação do Regulamento MiCA[97],

[95] Sobre as implicações da exclusão dos criptoativos considerados instrumentos financeiros e os desafios que esta representa para reguladores, emitentes, investidores e prestadores de serviços relacionados com estes criptoativos vide José Miguel Carracho/ João Ramalho Dias, *MiCA's SCOPE: Exclusion of Crypto-Assets qualified as Financial Instruments under the Existing EU Legal Framework*, em João Vieira dos Santos/ João Luz Soares/ Martinho Lucas Pires/ Guilherme Maia (coord.), *MiCA – Estudos sobre a Nova Regulação Europeia de Criptoativos*, Almedina: Coimbra (2023), 353-376.

[96] O legislador europeu avança as seguintes características dos criptoativos únicos e infungíveis: i) dificuldade de intercambialidade, não obstante possam ser negociados em mercados e acumulados para efeitos especulativos, e ii) o facto de o valor relativo de cada um desses criptoativos em relação a outro não poder ser determinado por comparação com um mercado existente ou um ativo equivalente, dado o caráter exclusivo de cada um desses criptoativos (cf. considerando 10 do Regulamento MiCA).

[97] Para uma análise da opção do legislador europeu de excluir os NFT do âmbito de aplicação do Regulamento MiCA vide Francisco Chilão Rocha, *Da exclusão dos Non-Fungible Tokens do*

assim como os criptoativos que representem serviços ou ativos físicos únicos e infungíveis, como garantias de produtos ou imóveis. Em particular, o legislador europeu avançou os seguintes critérios orientadores para a classificação de determinado criptoativo como único e infungível: i) o ativo ou o direito representado pelo criptoativo deve ser único e infungível; ii) a mera atribuição de um identificador único a um criptoativo não é, *per se*, suficiente para o classificar como único e infungível; iii) as partes fracionárias de um criptoativo único e infungível não são consideradas únicas e infungíveis[98]; iv) a emissão dos criptoativos no âmbito de uma grande série ou coleção é um indicador da sua fungibilidade; v) a classificação orienta-se por um princípio de prevalência da substância sobre a forma: o que releva são as características concretas do criptoativo ou as características associadas à sua utilização e não a designação que lhe é conferida pelo seu emitente (cf. considerandos 10 e 11 do Regulamento MiCA).

Por fim, saliente-se que, tendo por base a classificação tripartida de criptoativos, o Regulamento MiCA dedica os Títulos II, III e IV, respetivamente, à regulação da oferta e admissão à negociação de Outros Criptoativos, de criptofichas referenciadas a ativos e a criptofichas de moeda eletrónica, o Título V à autorização e condições de funcionamento dos prestadores de serviços de criptoativos e o Título VI à prevenção e proibição dos abusos de mercado ligados a criptoativos[99].

Considerando as categorias de criptoativos identificadas, doravante, dedicaremos a nossa atenção aos criptoativos de investimento.

Regulamento MiCA, em João Vieira dos Santos/ João Luz Soares/ Martinho Lucas Pires/ Guilherme Maia (coord.), *MiCA – Estudos sobre a Nova Regulação Europeia de Criptoativos*, Almedina: Coimbra (2023), 329-338.

[98] Para uma análise relativamente aos NFT fracionados e a sua possível classificação jurídica, contextualizando-os no âmbito do direito do consumidor e dos valores mobiliários reenvia-se para Márcia Tomás Pires/ Nicole Fortunato, *f-NFT: Da Democratização do Acesso ao Vazio Legal*, em João Vieira dos Santos/ João Luz Soares/ Martinho Lucas Pires/ Guilherme Maia (coord.), *MiCA – Estudos sobre a Nova Regulação Europeia de Criptoativos*, Almedina: Coimbra (2023), 339-351.

[99] Para uma comparação sintética entre o Regulamento MiCA e a DMIF II cf. Margarida Pacheco de Amorim, *Relação entre o MiCA e a DMIF II*, em João Vieira dos Santos/ João Luz Soares/ Martinho Lucas Pires/ Guilherme Maia (coord.), *MiCA – Estudos sobre a Nova Regulação Europeia de Criptoativos*, Almedina: Coimbra (2023), 75-87.

CAPÍTULO 2
OS VALORES MOBILIÁRIOS SOB A FORMA DE CRIPTOATIVOS

Como decorre da exposição anterior, os criptoativos caracterizam-se pela representação digital dos direitos e não pelo conteúdo dos direitos representados. Assim, nada obsta à criação de criptoativos de investimento com características idênticas a instrumentos financeiros[100], por exemplo, instrumentos do mercado monetário[101], valores mobiliários[102] ou instrumentos financeiros derivados[103].

Podem ser criados criptoativos passíveis de ser qualificados como instrumentos financeiros. A criação de instrumentos financeiros sob a forma de criptoativos, por vezes, é abordada no contexto de um quadro mais amplo, o da tokenização de ativos (*assets tokenization*), referente a representação de ativos em DLT. A este propósito, há quem distinga entre a tokenização de instrumentos financeiros já existentes e a emissão de novos instrumentos financeiros sob a forma «tokenizada»[104]. Neste sentido, o legislador europeu, no considerando 3 do Regulamento DLT, refere-se à «tokenização» de instrumentos financeiros

[100] Nos termos da legislação europeia, são instrumentos financeiros, ao abrigo da DMIF II, na aceção do seu artigo 4.º, n.º 1, ponto 15), os instrumentos especificados na Secção C do Anexo I do mesmo diploma.

[101] Instrumentos com natureza de curto prazo, *i.e.*, usualmente com um prazo inferior a um ano, por exemplo, certificados de depósito e papel comercial.

[102] Instrumentos geralmente com natureza de médio e longo prazo, por exemplo, ações, obrigações e unidades de participação em organismos de investimento coletivo.

[103] Instrumentos que derivam de outro ativo ou instrumento financeiro (ativo subjacente), por exemplo, contratos de futuros, contratos *forwards*, contratos de opções e contratos diferenciais.

[104] Cf. OCDE, *Regulatory Approaches to the Tokenisation of Assets*, (2021) e OCDE, *The Tokenisation of Assets and Potential Implications for Financial Markets*, (2020).

como «a emissão de classes de ativos tradicionais sob a forma de tokens» ou «a representação digital de instrumentos financeiros em registos distribuídos». Na primeira situação, trata-se de criar criptoativos em representação de instrumentos financeiros existentes no mundo material (*off-chain*). Neste caso, convenciona-se a ligação do valor económico e dos direitos decorrentes dos instrumentos financeiros existentes aos criptoativos criados em sua representação. Assim, os criptoativos criados e que existem *on-chain* constituem um "gémeo digital" dos instrumentos financeiros que continuam a existir *off-chain*. A segunda situação refere-se à criação dos instrumentos financeiros diretamente no registo distribuído, por exemplo numa *blockchain*, existindo exclusivamente aí. A distinção entre estas duas situações pode, eventualmente, relevar quando se quer tratar do potencial de materialização de ganhos de eficiência prometidos pela aplicação da DLT[105].

No fundo, está em causa emitir, armazenar e transmitir instrumentos financeiros com recurso à tecnologia *blockchain*, outra DLT ou tecnologia similar. É frequente encontrar a utilização do termo *security tokens* para fazer referência a criptoativos que podem ser qualificados como valores mobiliários em particular ou como instrumentos financeiros em geral[106].

De acordo com a Autoridade Europeia dos Valores Mobiliários e dos Mercados («ESMA»), a classificação efetiva de determinado criptoativo como instrumento financeiro é da responsabilidade de cada autoridade nacional competente e é efetuada numa base casuística. Adicionalmente, tal classificação dependerá da implementação da legislação europeia que tiver sido realizada a nível nacional e das informações

[105] Cf. OCDE, *Regulatory Approaches to the Tokenisation of Assets*, (2021), 10–13. A propósito desta distinção, sublinhe-se que a situação que se encontra em análise é a segunda: a emissão de instrumentos financeiros sob a forma «tokenizada». Para o estudo da tokenização de ativos e de abordagens regulatórias existentes, cf. a obra citada.

[106] Cf. Comissão Europeia, *Commission Staff Working Document Impact Assessment Accompanying the document Proposal for a Regulation of the European Parliament and of the Council on Markets in Crypto-assets and amending Directive (EU) 2019/1937*, (2020) e ESMA, *Advice on Initial Coin Offerings and Crypto-Assets*, (2019).

e elementos de prova que tiverem sido fornecidos à autoridade nacional competente[107].

Em Portugal, é à Comissão do Mercado de Valores Mobiliários («CMVM») que compete classificar determinado criptoativo como instrumento financeiro, nomeadamente como valor mobiliário.

Note-se que as autoridades nacionais competentes têm dificuldade em determinar as situações em que os criptoativos devem ser regulados e sujeitos à legislação financeira em vigor (e, como se verá mais à frente, também se anteveem dificuldades na aplicação prática de normas em vigor[108]). Os emitentes de criptoativos frequentemente categorizam os criptoativos emitidos ou a emitir como *utility tokens* e, consequentemente, alegam que estes não estão abrangidos pela legislação europeia em matéria de serviços financeiros em vigor, o que torna a tarefa dos reguladores mais complexa[109].

Ora, já vimos que podem ser criados instrumentos financeiros sob a forma de criptoativos. De seguida, dedicaremos a nossa atenção a uma espécie particular de instrumentos financeiros: os valores mobiliários[110].

[107] Cf. Comissão Europeia, *Consultation Document on an EU framework for markets in crypto-asset*, (2019), 32 e ESMA, *Advice on Initial Coin Offerings and Crypto-Assets*, (2019), 19.

[108] Reenvia-se para o Ponto 3.2.2. *infra*.

[109] Cf. ESMA, *Report on Licensing of FinTech business models*, (2019), 17.

[110] O conceito de instrumento financeiro passou a ser recorrentemente utilizado na previsão das normas a partir da década de 2000, como género, onde se incluem os valores mobiliários como espécies – cf. Paulo Câmara, *Manual de Direito dos Valores Mobiliários*, 4ª ed., Almedina: Coimbra (2018), 101. Para uma noção de instrumentos financeiros, «designam-se genericamente por *instrumentos financeiros* ("financial instruments", "Finanzinstrumente", "instruments financiers", "strumenti finanziari", "financiële instrumenten") um *conjunto de instrumentos juscomerciais heterogéneos suscetíveis de criação e/ou negociação no mercado de instrumentos financeiros, que têm por finalidades primordiais o financiamento, o investimento, e/ou a gestão de risco das empresas e demais agentes económicos.*» – José Engrácia Antunes, *Os Instrumentos financeiros*, Almedina: Coimbra (2020), 11. Ainda sobre o conceito de instrumento financeiro cf. A. Barreto Menezes Cordeiro, *Manual de Direito dos Valores Mobiliários*, 2ª ed., Almedina: Coimbra (2018), 138-152.

2.1. Classificação de criptoativos como valores mobiliários

O Código dos Valores Mobiliários constitui a sede legal central desta matéria. Este diploma lista determinados valores mobiliários típicos e admite a criação de valores mobiliários atípicos.

O legislador nacional não avançou um conceito exato de valor mobiliário. Em alternativa, adiantou um conjunto de elementos que devem ser assumidos como ponto de partida para a classificação como valor mobiliário: *documento representativo de situações jurídicas homogéneas, desde que seja suscetível de transmissão em mercado*[111].

Com efeito, poderão ser criados criptoativos que sejam valores mobiliários típicos, por exemplo ações, obrigações ou unidades de participação[112], e criptoativos que sejam valores mobiliários atípicos (desde que estejam reunidos os requisitos *infra* explicitados)[113].

A qualificação dos valores mobiliários sob a forma de criptoativos implica que estes sejam emitidos, armazenados e transmitidos utilizando tecnologia de registo distribuído, nomeadamente tecnologia *blockchain*.

[111] Sobre o conceito e características de valor mobiliário, cf. A. Barreto Menezes Cordeiro, *Manual de Direito dos Valores Mobiliários*, 2ª ed., Almedina: Coimbra (2018), 138; Alexandre Soveral Martins, *Títulos de crédito e valores mobiliários, Parte II, Valores mobiliários, Volume I, As ações*, Almedina: Coimbra (2018), 20-23; José Engrácia Antunes, *Os Instrumentos financeiros*, Almedina: Coimbra (2020), 83-94; Mafalda Miranda Barbosa e José Luís Dias Gonçalves, *Instrumentos financeiros. Valores mobiliários. Valores monetários. Derivados de crédito. Produtos de* bancassurance, Almedina: Coimbra (2020), 12-14; e Paulo Câmara, *Manual de Direito dos Valores Mobiliários*, 4ª ed., Almedina: Coimbra (2018), 104-140.

[112] Os tipos de valores mobiliários diferenciam-se de acordo com a posição jurídica incorporada, devendo ainda notar-se que «cada tipo de valor mobiliário comporta uma acentuada variabilidade intra-típica» – cf. Paulo Câmara, *Manual de Direito dos Valores Mobiliários*, 4ª ed., Almedina: Coimbra (2018), 140-142 e 144-192. Para um estudo dos tipos/espécies/modalidades de valores mobiliários reenvia-se para a obra citada e para A. Barreto Menezes Cordeiro, *Manual de Direito dos Valores Mobiliários*, 2ª ed., Almedina: Coimbra (2018), 153-155 e José Engrácia Antunes, *Os Instrumentos financeiros*, Almedina: Coimbra (2020), 95-186.

[113] Em particular sobre o conceito de valor mobiliário à luz do Direito angolano, brasileiro e português, revisitado a propósito dos criptoativos cf. A. Barreto Menezes Cordeiro, *Revisitando o conceito de valor mobiliário: o caso especial dos* tokens *emitidos no âmbito de ICOs*, em A. Barreto Menezes Cordeiro/ Francisco Satiro (coord.), *Direito dos valores mobiliários e dos mercados de instrumentos financeiros, Angola, Brasil e Portugal*, Almedina: Coimbra (2019), 61-82.

À presente data, não conseguimos apurar a existência de casos de emissão de valores mobiliários sob a forma de criptoativos em Portugal, sendo escassa a experiência nacional nesta matéria.

2.2. Valores mobiliários atípicos

Atenta a ampla gama de situações jurídicas que podem ser representadas através dos criptoativos, importa agora analisar a atipicidade dos valores mobiliários instituída no Código dos Valores Mobiliários.

Em Portugal, atualmente, não existe uma tipicidade de valores mobiliários. O Decreto-Lei n.º 66/2004, de 24 de março, promoveu modificações ao Código dos Valores Mobiliários e incorporou no âmbito jurídico interno o princípio da liberdade na criação de valores mobiliários, deixando de lado o princípio da tipicidade em vigor até então. A justificação encontrar-se no preâmbulo do mencionado decreto-lei: foram os objetivos de flexibilização e de promoção da inovação financeira que impulsionaram esta mudança[114].

Este é o terreno da inovação financeira que possibilita que sejam criados novos produtos financeiros, em resultado da autonomia privada do emitente, em certos casos melhor adaptados às necessidades dos investidores e/ou dos emitentes.

A utilização da tecnologia *blockchain* e dos *smart contracts* para o desenvolvimento de criptoativos de investimento cria um ambiente propício ao surgimento de valores mobiliários atípicos, desde que estejam reunidos certos requisitos (cf. artigo 1.º, alínea g), do Código dos Valores Mobiliários)[115].

[114] Sobre a/o atipicidade/princípio de atipicidade de valores mobiliários cf. A. Barreto Menezes Cordeiro, *Manual de Direito dos Valores Mobiliários*, 2ª ed., Almedina: Coimbra (2018), 156-157; José Engrácia Antunes, *Os Instrumentos financeiros*, Almedina: Coimbra (2020), 170-171; e Paulo Câmara, *Manual de Direito dos Valores Mobiliários*, 4ª ed., Almedina: Coimbra (2018), 142-144.

[115] Sobre a qualificação de criptoativos (ou *tokens*) de investimento como valores mobiliários cf. A. Barreto Menezes Cordeiro, *Manual de Direito dos Valores Mobiliários*, 2ª ed., Almedina: Coimbra (2018), 186-188; António Garcia Rolo, *As criptomoedas como meio de financiamento e a qualificação dos tokens de investimento emitidos em ofertas públicas de moeda (ICO) como valores mobiliários*, em António

O primeiro requisito que determinado criptoativo deverá preencher para que possa ser considerado valor mobiliário atípico é assumir-se como um *documento representativo de situações jurídicas homogéneas*. Não se levantam quaisquer problemas quanto a este primeiro requisito.

A lei reconhece a validade de documentos eletrónicos, *i.e.*, de conteúdos armazenados eletronicamente. Para o efeito, o Decreto-Lei n.º 12/2021, de 9 de fevereiro, na sua redação atual[116], diploma que revoga, entre outros, o Decreto-Lei n.º 290-D/99, de 2 de agosto, relativo ao regime jurídico dos documentos eletrónicos e da assinatura digital, dispõe, no seu artigo 3.º, n.º 1, o seguinte: «[o] documento eletrónico satisfaz o requisito legal de forma escrita quando o seu conteúdo seja suscetível de representação como declaração escrita».

No que respeita às situações jurídicas representáveis, estas devem ser de direito privado e devem ter natureza patrimonial, sendo abrangidas, em tese, não só situações jurídicas ativas, mas também situações jurídicas passivas e mistas[117]. Paulo Câmara esclarece que «a situação jurídica representada através do valor mobiliário assume complexidade e natureza variáveis. A situação jurídica representada pode ser o

Menezes Cordeiro/ Ana Perestrelo de Oliveira/ Diogo Pereira Duarte (org.), *FinTech II: Novos estudos sobre tecnologia financeira*, Almedina: Coimbra (2019), 249-298 (279-290); António Garcia Rolo, *Criptoativo – Conceito, Modalidades, Regime e Distinção de Figuras Afins*, CIDP research paper no. 18, (2022), 16-19; João Vieira dos Santos, *Desafios jurídicos e regulatórios das* Initial Coin Offerings, em António Menezes Cordeiro/ Ana Perestrelo de Oliveira/ Diogo Pereira Duarte (org.), *FinTech II: Novos estudos sobre tecnologia financeira*, Almedina: Coimbra (2019), 299-325 (312-317); João Vieira dos Santos, *Regulação de Formas de Financiamento Empresarial FinTech: Em especial o Crowdfunding e as Initial Coin Offerings*, Almedina: Coimbra (2022), 504-521; José Engrácia Antunes, *Os Instrumentos financeiros*, Almedina: Coimbra (2020), 182-184; Luís Guilherme Catarino, *Inovação financeira e icos: mercados privados alternativos?*, em *CEDIPRE online*, n.º 36, (2019), 65-70; e Luís Roquette Geraldes/ Mariana Solá de Albuquerque/ João Lima da Silva, ICOs: *security tokens vs. utility tokens*, em António Menezes Cordeiro/ Ana Perestrelo de Oliveira/ Diogo Pereira Duarte (org.), *FinTech II: Novos estudos sobre tecnologia financeira*, Almedina: Coimbra (2019), 327-361 (341-344).

[116] O Decreto-Lei n.º 12/2021, de 9 de fevereiro, assegura a execução na ordem jurídica interna do Regulamento (UE) 910/2014, relativo à identificação eletrónica e aos serviços de confiança para as transações eletrónicas no mercado interno e regula a validade, eficácia e valor probatório dos documentos eletrónicos, o reconhecimento e aceitação, na ordem jurídica portuguesa, dos meios de identificação eletrónica de pessoas singulares e coletivas e prevê as normas aplicáveis ao Sistema de Certificação Eletrónica do Estado – Infraestrutura de Chaves Públicas (cf. artigo 1.º).

[117] Cf. Paulo Câmara, *Manual de Direito dos Valores Mobiliários*, 4ª ed., Almedina: Coimbra (2018), 116-117.

direito de sócio (assim sucede nas ações), pode ser um direito de crédito (nas obrigações), mas pode também ser o direito a uma quota ideal numa propriedade coletiva (que é o que acontece com os investimentos em organismos de investimento coletivo) ou ainda um direito de aquisição ou de alienação ou de um outro ativo subjacente (*warrants*). Temos, em suma, uma diversidade acentuada de situações jurídicas representáveis através desta técnica. Se tiver na sua base situações jurídicas complexas, o valor mobiliário é divisível. Isto é: existem direitos que podem ser destacados do valor mobiliário dando origem a outros valores mobiliários, conforme refere a alínea f) do art. 1º.»[118]. Neste contexto, é a informação inscrita no criptoativo, concebido e emitido de acordo com o código de determinada *blockchain* e/ou determinado(s) *smart contract(s)*, que determina a situação jurídica representada, *i.e.*, os direitos e deveres associados a determinado criptoativo. Adicionalmente, as situações jurídicas representadas pelos criptoativos emitidos devem ser homogéneas[119], donde resulta a sua fungibilidade[120], ou seja, as situações jurídicas de base devem ser fungíveis. A grande maioria dos criptoativos emitidos são homogéneos e fungíveis, têm valor e características idênticas a qualquer outro criptoativo do mesmo conjunto. Excecionam-se, contudo, os criptoativos únicos e infungíveis, também conhecidos como *non-fungible tokens* (ou NFT), que são

[118] *Ibidem*, 118.

[119] A «característica da homogeneidade é comum a todos os vms [valores mobiliários]: (i) as ações que compreendam direitos iguais formam uma categoria (302.º/2 do CSC); (ii) as obrigações conferem, aos seus titulares, direitos de crédito iguais sobre a entidade emitente (348.º/1 do CSC); ou (iii) o património dos fundos de investimentos é representado por partes de conteúdo idêntico que asseguram aos seus titulares direitos iguais (7.º do RGOIC)» – cf. A. Barreto Menezes Cordeiro, *Manual de Direito dos Valores Mobiliários*, 2ª ed., Almedina: Coimbra (2018), 143.

[120] Neste sentido José Engrácia Antunes, *Os Instrumentos financeiros*, Almedina: Coimbra (2020), 91-92 e Paulo Câmara, *Manual de Direito dos Valores Mobiliários*, 4ª ed., Almedina: Coimbra (2018), 118. Mas v., em sentido diverso e desconsiderando a exigência de fungibilidade, admitindo a possibilidade de existirem valores mobiliários não fungíveis, Alexandre Soveral Martins, *Títulos de crédito e valores mobiliários, Parte II, Valores mobiliários, Volume I, As ações*, Almedina: Coimbra (2018), 23.

criptoativos indivisíveis e singulares, que se caracterizam pela sua infungibilidade e impermutabilidade[121-122].

Como segundo requisito, exige-se a suscetibilidade de transmissão em mercado. Quanto a este requisito, de acordo com Paulo Câmara, «a vocação para circular em mercado é apreciada em abstrato, sendo tal suficiente para reconhecer a natureza do valor mobiliário: não precisa de se exigir que em concreto essa transmissibilidade seja assegurada»[123]. Este requisito encontra-se preenchido pela generalidade dos criptoativos. Adicionalmente, uma das condições essenciais para o sucesso de uma ICO é a listagem de criptoativos em plataforma(s) de negociação de criptoativos, para que aí possam ser negociados e transacionados, funcionando como mercado secundário garante de liquidez.

Apenas atendendo ao exposto, a generalidade dos criptoativos teria potencial para serem considerados como valores mobiliários atípicos, uma vez que em abstrato consubstanciam *documentos representativos de situações jurídicas homogéneas suscetíveis de transmissão em mercado.*

Deve, porém, ser adicionalmente considerado um requisito que não encontra previsão expressa na letra da lei: a comparabilidade com

[121] Cf. EU Blockchain Observatory and Forum, *NFT – Legal Token Classification* (2021), 2. Para um estudo sobre o tema dos NFTs reenvia-se para a obra citada e para EU Blockchain Observatory and Forum, *Demystifying Non-Fungible Tokens (NFTs)*, (2021); e EU Blockchain Observatory and Forum, *Demystifying NFTs workshop*, (2021). Entre os autores portugueses, há quem se refira aos NFT como uma categoria particular, «um tipo de ativos digitais representativos de bens infungíveis, que são utilizados para garantir a propriedade exclusiva de determinadas coisas únicas ou valorizadas pela escassez (vg., arte digital, coleções digitais).» – José Engrácia Antunes, *A Moeda. Estudo Jurídico e Económico*, Almedina: Coimbra (2021), 223.

[122] Sobre a exclusão dos NFT do âmbito de aplicação do Regulamento MiCA reenvia-se para o Ponto 1.3.4. *supra*.

[123] Paulo Câmara, *Manual de Direito dos Valores Mobiliários*, 4ª ed., Almedina: Coimbra (2018), 120. Em particular, entende Alexandre Soveral Martins que o requisito da transmissibilidade em mercado apenas é exigível relativamente aos valores mobiliários atípicos: «a exigência de que os valores mobiliários sejam suscetíveis de negociação em mercado ou em mercado organizado», apenas é necessária a propósito da alínea g) do artigo 1.º do CVM, quanto «aos 'outros documentos representativos de situações jurídicas homogéneas', *o que bem se compreende para limitar a possibilidade de criação de valores mobiliários atípicos*» – cf. Alexandre Soveral Martins, *Títulos de crédito e valores mobiliários, Parte II, Valores mobiliários, Volume I, As ações*, Almedina: Coimbra (2018), 22.

valores mobiliários típicos (ou critério de comparabilidade funcional[124]). O legislador europeu, no considerando 8 da DMIF II, a propósito de novos instrumentos financeiros, refere a conveniência em incluir na lista dos instrumentos financeiros «derivados de mercadorias e outros instrumentos que sejam constituídos e negociados de tal forma que suscitem problemas regulamentares comparáveis aos ocasionados pelos instrumentos financeiros tradicionais» (sublinhado nosso).

Vários autores concordam nesta matéria. Paulo Câmara entende que a atipicidade, em *última análise*, não introduz elementos estranhos ao sistema, alertando para a necessidade de se ter presente que a «atipicidade não equivale a uma abolição do regime aplicável a cada tipo de valor mobiliário»[125]. Por seu turno, António Barreto Menezes Cordeiro refere não ser «sistemática e cientificamente defensável atribuir ao conceito de valor mobiliário um elemento nuclear que não encontre nos seus exemplares originários uma notória identidade». Entendendo ainda que devem ser tidas em consideração as características dos valores mobiliários típicos, em especial as que compõem as ações e as obrigações, enquanto modalidades clássicas[126].

No mesmo sentido, pronunciou-se o regulador português em comunicado a propósito da qualificação jurídica de criptoativos, ao enfatizar a necessidade dos criptoativos serem comparáveis com valores mobiliários típicos, tendo em conta as situações jurídicas representadas, para que se possam qualificar como valores mobiliários[127].

Por fim, recorde-se que a classificação de criptoativos como valores mobiliários depende sempre de uma análise casuística a realizar pelo regulador nacional.

[124] Cf. Philipp Hacker/ Chris Thomale, *Crypto-Securities Regulation: ICOs, Token Sales and Cryptocurrencies under EU Financial Law*, (2019), 25.

[125] Paulo Câmara, *Manual de Direito dos Valores Mobiliários*, 4ª ed., Almedina: Coimbra (2018), 143-44.

[126] A. Barreto Menezes Cordeiro, *Manual de Direito dos Valores Mobiliários*, 2ª ed., Almedina: Coimbra (2018), 138.

[127] Cf. CMVM, *CMVM, Comunicado da CMVM às entidades envolvidas no lançamento de "Initial Coin Offerings" (ICOs) relativo à qualificação jurídica dos tokens*, (2018).

Assumimos, sem quaisquer complexos, as potenciais dificuldades na classificação de criptoativos como valores mobiliários.

Como se verá mais à frente, tais dificuldades são acentuadas pelo surgimento de novos desafios que se prendem com a tecnologia emergente, mas também pela persistência de um velho desafio, que se prende com a delimitação conceptual de valores mobiliários.

2.3. Enquadramento regulatório

Na circunstância de uma emissão de criptoativos ser dirigida a investidores residentes em Portugal e de os criptoativos serem valores mobiliários na aceção do Código dos Valores Mobiliários, nos termos do comunicado da CMVM[128], haverá lugar à aplicação da legislação relevante a nível nacional e a nível da União Europeia, em especial e sem prejuízo de outras:

i) As regras de emissão e representação e, bem assim, as regras relativas à respetiva transmissão[129];
ii) Caso aplicável, as regras relativas às ofertas públicas[130];

[128] *Ibidem.*

[129] Cf. em particular os artigos 43.º a 94.º do CVM, o Regulamento da CMVM n.º 14/2000, sobre sistemas de registo de valores mobiliários, a Portaria n.º 290/2000, de 25 de maio, sobre o modelo de registo da emissão no emitente e a Portaria n.º 289/2000, de 25 de maio, que regula o registo de valores mobiliários escriturais junto do emitente, e o Regulamento (UE) n.º 909/2014 do Parlamento Europeu e do Conselho, de 23 de julho de 2014, relativo à melhoria da liquidação de valores mobiliários na União Europeia e às Centrais de Valores Mobiliários (CSDs) e que altera as Diretivas 98/26/CE e 2014/65/UE e o Regulamento (UE) n.º 236/2012. Adicionalmente, cf. artigo 3.º do Regime de Execução do Regulamento DLT, aprovado no Anexo II ao Decreto-Lei n.º 66/2023, de 8 de agosto, que procede à execução de regulamentos relativos a serviços financeiros e à transposição parcial da Diretiva (UE) 2021/2118, relativa ao seguro de responsabilidade civil da circulação de veículos automóveis («Decreto-Lei n.º 66/2023»).

[130] Cf. em particular os artigos 108.º a 171.º do CVM, o Regulamento (UE) 2017/1129 do Parlamento Europeu e do Conselho, de 14 de junho de 2017, relativo ao prospeto a publicar em caso de oferta de valores mobiliários ao público ou da sua admissão à negociação num mercado regulamentado («Regulamento do Prospeto») e o Regulamento Delegado (UE) 2019/980 da Comissão, de 14 de março de 2019, que complementa o Regulamento (UE) 2017/1129 do Parlamento Europeu e do Conselho no que respeita ao formato, ao conteúdo, à verificação e à aprovação do prospeto a publicar em caso de oferta de valores mobiliários ao público ou da sua admissão à negociação num mercado regulamentado.

iii) As normas relativas à comercialização de instrumentos financeiros para os efeitos da DMIF II e os requisitos de qualidade da informação[131];
iv) As regras relativas ao abuso de mercado[132].

De acordo com o mesmo comunicado, é particularmente relevante considerar a inclusão, nas informações disponibilizadas pelo emitente, de elementos dos quais possa resultar uma obrigação ou um compromisso do emitente em relação à realização de condutas que conduzam a uma expectativa de retorno para o investidor. Por exemplo, o direito a um rendimento ou a prática de atos, por parte do emitente ou entidade relacionada, adequados à incrementação do valor do criptoativo.

A CMVM adotou uma abordagem conservadora na classificação de criptoativos como valores mobiliários, que está sempre dependente da análise concreta de cada caso.

A Comissão de Valores Mobiliários brasileira também adota uma postura conservadora na classificação de criptoativos como valores mobiliários, embora temperada através de uma atitude mais intervencionista no mercado. No final de 2022, esta divulgou o Parecer de Orientação CVM n.º 40/2022, relativo às características de um valor mobiliário, através do qual consolidou os entendimentos relevantes em matéria de criptoativos e a aplicação da regulação de valores mobiliários a determinados criptoativos. Em 2023, também divulgou o Ofício-Circular n.º 4/2023/CVM/SSE, que se destina a orientar os prestadores de serviços envolvidos na atividade de tokenização sobre a provável natureza de valor mobiliários dos chamados "tokens recebíveis" ou "tokens de renda fixa". Neste mesmo ofício, esclareceu que determinadas ofertas públicas de distribuição dos mencionados *tokens* podem ser realizadas nos termos do regime previsto na legislação em vigor

[131] Cf. em particular os artigos 314.º a 316.º e o artigo 7.º do CVM, o Regulamento (UE) n.º 600/2014 do Parlamento Europeu e do Conselho, de 15 de maio de 2014, relativo aos mercados de instrumentos financeiros, respetiva regulamentação e atos delegados.

[132] Cf. em particular os artigos 29.º-Q e 378.º, n.ºs 4 e 5 do CVM, o Regulamento (UE) n.º 596/2014, do Parlamento Europeu e do Conselho, de 16 de abril de 2014, relativo ao abuso de mercado («Regulamento Abuso de Mercado»), e respetiva regulamentação e atos delegados.

e pronunciou-se sobre as informações específicas que devem ser objeto de divulgação[133].

Também a *U.S. Securities and Exchange Commission* («SEC») divulgou um comunicado, em 2019, destinado a auxiliar os participantes do mercado na classificação de criptoativos como valores mobiliários (*Framework for "Investment Contract" Analysis of Digital Assets*)[134]. Trata-se de um conjunto de diretrizes para avaliar se um criptoativo que está a ser oferecido ou vendido deve ser considerado um contrato de investimento e, nessa medida, classificar-se como um valor mobiliário sujeito à legislação mobiliária em vigor. Adicionalmente, a SEC tem imposto sanções a diversos prestadores de serviços relacionados com a oferta e admissão à negociação de criptoativos, bem como a operadores de plataformas de negociação de criptoativos, devido à sua infração das disposições da legislação de valores mobiliários vigente[135].

No escopo da supervisão e regulamentação de criptoativos classificados como valores mobiliários, evidencia-se uma abordagem de cunho protecionista adotada por parte das autoridades competentes acima referidas, alicerçada numa análise casuística.

Não se pretende, nesta sede, efetuar uma descrição exaustiva da legislação nacional e europeia existente em matéria de serviços financeiros, mas antes, chamar a atenção para a circunstância de os emitentes de valores mobiliários sob a forma de criptoativos e as entidades que prestam serviços e exercem atividades de investimento em valores mobiliários sob a forma de criptoativos se encontrarem obrigados a cumprir com a legislação europeia e legislações nacionais em vigor, que envolvam a emissão, o registo, a prestação de serviços de investimento, a negociação e a liquidação de valores mobiliários.

[133] O Parecer de Orientação n.º 40/2022 pode ser consultado em: https://conteudo.cvm.gov.br/legislacao/pareceres-orientacao/pare040.html (último acesso em 24 de setembro de 2023). O Ofício-Circular nº 4/2023/CVM/SSE pode ser consultado em: https://conteudo.cvm.gov.br/legislacao/oficios-circulares/sse1/oc-sse-0423.html (último acesso em 24 de setembro de 2023).

[134] Disponível em https://www.sec.gov/corpfin/framework-investment-contract-analysis-digital-assets (último acesso em 24 de setembro de 2023).

[135] Cf. página da internet da SEC relativa a ações de fiscalização relacionadas com criptoativos, disponível em: https://www.sec.gov/spotlight/cybersecurity-enforcement-actions (último acesso em 24 de setembro de 2023).

A título de exemplo, numa hipotética emissão de valores mobiliários sob a forma de criptoativos em que haja admissão daqueles valores à negociação em plataforma de negociação (*i.e.*, mercado regulamentado, sistema de negociação multilateral ou sistema de negociação organizado)[136], nos termos do quadro atual, é obrigatório proceder-se ao registo em sistema centralizado[137]. Os emitentes de ações sob a forma periódica de criptoativos deverão cumprir com requisitos de divulgação de informação periódica e contínua. Em particular, no caso de ações sob a forma de criptoativos admitidas à negociação em mercado regulamentado em Portugal, os respetivos emitentes deverão divulgar o relatório de gestão e contas anuais e o relatório anual sobre o governo de sociedades[138]. A plataforma de negociação onde os valores mobiliários sob a forma de criptoativos serão admitidos à negociação e a central de valores mobiliários onde os mesmos serão registados, terão, por seu turno, de cumprir, nomeadamente, com o disposto na DMIF II[139], no Regulamento Centrais de Valores Mobiliários[140] e na Diretiva Caráter Definitivo da Liquidação[141], vendo-se os respetivos operadores

[136] Por plataforma de negociação entenda-se um mercado regulamentado, um sistema de negociação multilateral ou um sistema de negociação organizado – cf. artigo 4.º, ponto 24) da DMIF II e artigo 198.º, n.º 7 do CVM.

[137] Cf. artigos 62.º e 88.º a 94.º do CVM. Cf. ainda o artigo 3.º do Regime de Execução do Regulamento DLT, aprovado no Anexo II ao Decreto-Lei n.º 66/2023.

[138] Cf., em particular, os artigos 13.º-B, n.º 1, 29.º-G e 29.º-H do CVM.

[139] Cf. Diretiva 2014/65/UE do Parlamento Europeu e do Conselho, de 15 de maio de 2014, relativa aos mercados de instrumentos financeiros e que altera a Diretiva 2002/92/CE e a Diretiva 2011/61/UE.

[140] Cf. Regulamento (UE) n.º 909/2014 do Parlamento Europeu e do Conselho, de 23 de julho de 2014, relativo à melhoria da liquidação de valores mobiliários na União Europeia e às Centrais de Valores Mobiliários (CSDs) e que altera as Diretivas 98/26/CE e 2014/65/UE, na sua redação atual («Regulamento Centrais de Valores Mobiliários») e o Regulamento (UE) n.º 236/2012 do Parlamento Europeu e do Conselho de 14 de março de 2012, relativo às vendas a descoberto e a certos aspetos dos *swaps* de risco de incumprimento, na sua redação atual. Por central de valores mobiliários deve entender-se uma pessoa coletiva que efetua a gestão de um sistema de liquidação de valores mobiliários referido no Anexo, Secção A, ponto 3, e que presta pelo menos um dos serviços principais enumerados no Anexo, Secção A (nomeadamente, serviço de registo em conta, serviço de administração de sistema de registo centralizado e serviço de liquidação) – cf. artigos 2.º, n.º 1, 1) e 4), 3.º e Anexo, Secção A, do Regulamento Centrais de Valores Mobiliários.

[141] Cf. Diretiva 98/26/CE do Parlamento Europeu e do Conselho, de 19 de maio de 1998, relativa ao caráter definitivo da liquidação nos sistemas de pagamentos e de liquidação de valores mobiliários, conforme alterada.

confrontados, como se verá mais à frente, com desafios significativos no cumprimento de algumas dessas regras[142].

No entanto, relativamente à obrigatoriedade do registo em sistema centralizado e a determinadas regras aplicáveis às centrais de valores mobiliários e aos sistemas de liquidação, importa notar que, no contexto da obtenção de uma autorização específica para operar uma infraestrutura de mercado DLT, os respetivos operadores poderão beneficiar de isenções (sobre esta matéria, reenvia-se para o Ponto 3.2.2., alíneas a) e d) *infra*).

2.4. Em especial: *crowdfunding*

Ainda no âmbito de um enquadramento regulatório não podemos deixar de tecer algumas considerações por referência às novas normas em matéria de financiamento colaborativo (*crowdfunding*) introduzidas pelo Regulamento *Crowdfunding*[143], que estabelece as regras relativas à prestação de serviços de financiamento colaborativo de capital e de empréstimo na União Europeia[144]. No plano nacional, destaca-se

[142] Cf. Ponto 3.2.2., em particular alínea d), *infra*.

[143] Cf. Regulamento (UE) 2020/1503 do Parlamento Europeu e do Conselho, de 7 de outubro de 2020, relativo aos prestadores europeus de serviços de financiamento colaborativo às entidades. Este regulamento europeu é aplicável em todos os Estados-Membros a partir do dia 10 de novembro de 2021 (cf. artigo 51.º do referido diploma). Sem prejuízo, foi consagrado um período transitório, durante o qual, os prestadores de serviços de financiamento colaborativo podem continuar, em conformidade com o direito nacional aplicável, a prestar os serviços de financiamento colaborativo abrangidos pelo âmbito de aplicação do Regulamento *Crowdfunding* até 10 de novembro de 2023 ou até que lhes seja concedida a autorização ao abrigo daquele diploma, consoante o que ocorrer primeiro (cf. artigo 48.º, n.º 1 do Regulamento *Crowdfunding* e artigo 1.º do Regulamento Delegado (UE) 2022/1988 da Comissão de 12 de julho de 2022, que prorroga o período transitório para continuar a prestar serviços de financiamento colaborativo em conformidade com o direito nacional a que se refere o artigo 48.º, n.º 1, do Regulamento *Crowdfunding*). O Regulamento *Crowdfunding* pode ser consultado em: https://eur-lex.europa.eu/legal-content/PT/TXT/?uri=CELEX%3A32020R1503 (último acesso em 29 de setembro de 2023).

[144] Nesta matéria reenvia-se para João Vieira dos Santos, *Regulação de Formas de Financiamento Empresarial FinTech: Em especial o Crowdfunding e as Initial Coin Offerings*, Almedina: Coimbra (2022), 299-341 e Luís Roquette Geraldes/ João Lima da Silva/ Francisca Seara Cardoso, *P2P lending*, em António Menezes Cordeiro/ Ana Perestrelo de Oliveira/ Diogo Pereira Duarte (org.),

o Decreto-Lei n.º 66/2023, de 8 de agosto, que procedeu à alteração e republicação da Lei n.º 102/2015, de 24 de agosto, que estabelece o Regime Jurídico do Financiamento Colaborativo («RJFC»), tendo em vista assegurar a articulação do direito nacional com o disposto no Regulamento *Crowdfunding*.

A grande novidade introduzida por este diploma europeu assenta na circunstância de o mesmo permitir serviços de financiamento colaborativo associados a valores mobiliários[145].

As entidades gestoras de plataformas de *crowdfunding* passam a poder prestar os serviços de receção e transmissão de ordens de clientes e de colocação de valores mobiliários[146] e, adicionalmente, podem prestar elas próprias os serviços de guarda de ativos e os serviços de pagamento, se autorizadas para o efeito ao abrigo da DMIF II ou da Diretiva 2013/36/UE[147] (cf. artigo 10.º, n.ºs 2 a 5, do Regulamento *Crowdfunding*).

Adicionalmente, os prestadores de serviços de financiamento colaborativo podem operar um boletim informativo no qual permitem que os seus clientes anunciem o seu interesse em comprar e vender valores mobiliários. Todavia, importa sublinhar que o boletim informativo não pode constituir um sistema interno de encontro de ordens que execute as ordens dos clientes numa base multilateral, a menos que a entidade gestora da plataforma disponha de uma autorização ao abrigo da DMIF II (cf. artigo 25.º e considerando 55 do Regulamento de *Crowdfunding*).

FinTech: Novos Desafios da tecnologia financeira, 2ª ed., Almedina: Coimbra (2019), 323-344.

[145] Cf. considerando 13 do Regulamento *Crowdfunding*. Note-se, porém, que é consagrado o limiar de valor das ofertas por promotor de projeto de €5.000.000,00, «valor que corresponde ao limiar utilizado pela maioria dos Estados-Membros para isentarem as ofertas de valores mobiliários ao público da obrigação de publicação de um prospeto nos termos do Regulamento (UE) 2017/1129 do Parlamento Europeu e do Conselho» – cf. considerando 16 do Regulamento *Crowdfunding*.

[146] Cf. artigo 2.º, n.º 1, alínea a), subalínea ii) do Regulamento *Crowdfunding*.

[147] Cf. Diretiva 2013/36/UE do Parlamento Europeu e do Conselho, de 26 de junho de 2013, relativa ao acesso à atividade das instituições de crédito e à supervisão prudencial das instituições de crédito, que altera a Diretiva 2002/87/CE e revoga as Diretivas 2006/48/CE e 2006/49/CE, conforme alterada («Diretiva 2013/36/UE»).

Verifica-se, portanto, uma concentração de competências pertencentes a intermediários financeiros na esfera de competências da entidade gestora da plataforma de *crowdfunding*, a fim de facilitar o investimento direto pelos investidores nos projetos de financiamento colaborativo[148-149].

Os criptoativos não foram esquecidos pelo legislador europeu, que a eles se referiu no considerando 15 do Regulamento de *Crowdfunding* no seguinte sentido: «embora as ofertas iniciais de moeda virtual tenham potencial para financiar as PME e as empresas inovadoras em início de atividade e em fase de expansão, e possam acelerar a transferência de tecnologias, as suas características divergem consideravelmente das dos serviços de financiamento colaborativo regidos pelo presente regulamento». Ainda que tenha ficado por preencher o que entende o legislador europeu por moeda virtual neste contexto e, sobretudo, a que características de ofertas de moedas virtuais se refere, entendemos que aquela afirmação apenas fará sentido se interpretada por referência à definição de moeda virtual prevista, à data de elaboração do Regulamento de *Crowdfunding*, na legislação europeia (estando em causa uma definição restrita a criptoativos de pagamento,

[148] Cf. considerando 22 do Regulamento *Crowdfunding*. Para o efeito, veja-se que «a prestação de serviços de financiamento colaborativo evolve três tipos de intervenientes: o promotor do projeto, que propõe o projeto a financiar; os investidores, que financiam o projeto proposto; e uma organização de intermediação, sob a forma de um prestador de serviços de financiamento colaborativo que reúne os promotores de projetos e os investidores através de uma plataforma *on line*» – considerando 2 do mesmo diploma.

[149] Saliente-se que a Diretiva (UE) 2020/1504 do Parlamento Europeu e do Conselho de 7 de outubro de 2020, altera a DMIF II, no sentido de excluir do âmbito de aplicação da DMIF II as pessoas coletivas autorizadas como prestadores de serviços de financiamento colaborativo nos termos do Regulamento *Crowdfunding*. Aquela diretiva europeia foi transposta para o ordenamento jurídico português através do Decreto-Lei n.º 56/2021, de 30 de junho, alterando o CVM (cf. artigos 1.º, n.º 3 e 5.º do Decreto-Lei n.º 56/2021, de 30 de junho). Em consequência, a atual redação do artigo 289.º, n.º 3, alínea l), do CVM, refere-se a prestadores de serviços de financiamento colaborativo como entidades (distintas dos intermediários financeiros) que podem exercer, a título profissional, atividades de intermediação financeira, designadamente, as atividades de colocação sem garantia de valores mobiliários emitidos por promotores de projetos e a receção e transmissão de ordens de clientes relativas a esses valores mobiliários (cf. artigos 1.º, n.º 1 e 2.º, n.º 1, alínea a), subalínea ii) do Regulamento *Crowdfunding*).

que exclui os criptoativos de investimento[150]). Assim, entendemos que deve ser realizada uma interpretação restritiva do considerando 15 do Regulamento *Crowdfunding* por referência a criptoativos com características de pagamento, em nada obstando, portanto, à aplicação do regime de *crowdfunding* a ofertas de valores mobiliários sob a forma de criptoativos[151].

Dado que o regime competente assenta na distribuição de qualquer valor mobiliário numa plataforma de *crowdfunding*[152], entendemos que nada obsta a que as respetivas entidades gestoras destas plataformas prestem serviços de financiamento colaborativo associados a valores mobiliários, típicos ou atípicos, sob a forma de criptoativos[153], sem prejuízo de eventuais dificuldades que possam emergir, nomeadamente relacionadas com a prestação de serviços de guarda de ativos e compatibilização de regras aplicáveis[154] com a DLT subjacente aos criptoativos em questão[155] (cf. Ponto 3.2.2, alínea a), *infra*).

[150] Nomeadamente, a definição de moeda virtual prevista no artigo 1.º, 2), d), da Quinta Diretiva AML. Sobre a definição de moeda virtual consagrada na Quinta Diretiva AML, reenvia-se para o Ponto 1.3.2 *supra*.

[151] Sobre a qualificação de ofertas de valores mobiliários realizadas através de plataformas de financiamento colaborativo como ofertas públicas cf. Paulo Câmara, *Manual de Direito dos Valores Mobiliários*, 4ª ed., Almedina: Coimbra (2018), 666. Sobre *crowdfunding* e ofertas públicas de valores mobiliários reenvia-se ainda para João Vieira dos Santos, *Regulação de Formas de Financiamento Empresarial FinTech: Em especial o Crowdfunding e as Initial Coin Offerings*, Almedina: Coimbra (2022), 347-350.

[152] O artigo 2.º, n.º 1, alínea m) do Regulamento *Crowdfunding* reenvia para a definição de valores mobiliários prevista no artigo 4.º, n.º 1, ponto 44) da DMIF II.

[153] Pronunciando-se no sentido da admissibilidade do cruzamento entre as figuras de *Initial Coin Offerings* e *Crowdfunding*, cf. João Vieira dos Santos, *Regulação de Formas de Financiamento Empresarial FinTech: Em especial o Crowdfunding e as Initial Coin Offerings*, Almedina: Coimbra (2022), 496. A este propósito, João Vieira dos Santos entende que «[p]oderá, eventualmente, existir um cruzamento das figuras, se uma plataforma de Crowdfunding se dedicar à publicação de Initial Coin Offerings. (...) tal apenas seria possível se os criptoativos emitidos através das Initial Coin Offerings apresentadas na plataforma de Crowdfunding se qualificassem como valores mobiliários (...)».

[154] Está em causa o serviço auxiliar de serviços e atividades de investimento previsto no artigo 291.º, alínea a) do CVM, que deve ser prestado por intermediário financeiro autorizado para o efeito (cf. artigos 289.º, n.º 1, alínea b) e n.º 2 e 293.º, n.º 1, do CVM).

[155] Reenvia-se, a este propósito, para o disposto no artigo 10.º, n.º 1 e considerando 28 do Regulamento *Crowdfunding* e, ainda, para ESMA, *Questions and Answers on the European crowdfunding service providers for business Regulation*, (2023) (em particular, para a Q&A 3.3).

CAPÍTULO 3
A REGULAÇÃO DE VALORES MOBILIÁRIOS SOB A FORMA DE CRIPTOATIVOS

3.1. Enquadramento prévio: benefícios potenciais da utilização da DLT

Os valores mobiliários sob a forma de criptoativos são valores mobiliários emitidos, transmitidos e armazenados em DLT, nomeadamente em *blockchains*, adotando, portanto, a forma desmaterializada, na modalidade de registos distribuídos.

A propósito da representação de valores mobiliários, note-se que o Código dos Valores Mobiliários consagra um princípio de tipicidade de formas de representação. Os valores mobiliários apenas podem adotar a forma escritural ou titulada. Serão escriturais se forem representados por registos em conta, *i.e.*, registos informáticos, e serão titulados se forem representados por documentos em papel[156]. Deve ter-se sempre em consideração que «[o]s títulos ou as inscrições em conta não constituem os próprios valores mobiliários, sendo suas meras formas de representação, isto é, de incorporação ou de materialização cuja função é auxiliar em relação aos direitos ou posições jurídicas representados»[157]. No fundo, no caso dos valores mobiliários sob a forma de criptoativos, está em causa uma

[156] Cf. artigo 46.º, n.º 1 do CVM e artigo 3.º do Regulamento (UE) n.º 909/2014 do Parlamento Europeu e do Conselho, de 23 de julho de 2014, relativo à melhoria da liquidação de valores mobiliários na União Europeia e às Centrais de Valores Mobiliários, na sua redação atual.

[157] Carlos Osório de Castro, *Valores Mobiliários, Conceito e Espécies*, 2ª ed., Castro e Silva: Lisboa, (1998), 10-11, citado no Acórdão de 24 de junho de 1999, Tribunal da Relação de Lisboa, t. III, p. 129, sobre ações escriturais, providência cautelar, posse, ponto III do sumário.

tecnologia particular de representação de direitos, que não levantará, em princípio, problemas de maior em jurisdições com uma abordagem tecnologicamente neutra da sua legislação em matéria de serviços financeiros[158].

A utilização da tecnologia *blockchain* (ou outra DLT ou tecnologia similar) no mercado de instrumentos financeiros tem potencial para apresentar diversos benefícios, nomeadamente permitir a obtenção de ganhos de eficiência, tanto no âmbito da negociação, como no âmbito da pós-negociação (liquidação e compensação) de valores mobiliários, quer seja através da criação de condições – *liquidez* – para a comercialização de ativos ilíquidos, quer seja através da redução dos prazos de liquidação e compensação de valores mobiliários, possibilitando a execução das transações em tempo real e facilitando o processamento de pagamentos e a transferência de fundos[159].

Destaque-se os benefícios potenciais da utilização da DLT em matéria de integridade e transparência da informação, em termos de permitir a rastreabilidade, segurança e imutabilidade[160] das transações, enquanto assegura o acesso à informação (condicionado às regras específicas da DLT). Também é relevante enfatizar o potencial da DLT em facilitar a guarda e o registo dos valores mobiliários. Pelo que se admite que esta tecnologia possa funcionar como uma nova modalidade de registo da titularidade de valores mobiliários.

Por seu turno, há que atender à possível vantagem de redução de custos decorrente da automatização de processos através da utilização de *smart contracts*, nomeadamente para a execução de direitos

[158] Cf. OCDE, *The Tokenisation of Assets and Potential Implications for Financial Markets,* (2020), 40.

[159] Para um estudo sobre as soluções de pagamento numa infraestrutura baseada em DLT reenvia-se para Alexander Bechtel/ Agata Ferreira/ Jonas Gross/ Philipp Sandner, *The Future of Payments in a DLT-Based European Economy: A Roadmap,* em Markus Heckel/ Franz Waldenberge (eds.), *The Future of Financial Systems in the Digital Age Perspectives from Europe and Japan,* Springer: Singapore (2022), 90-115.

[160] A este propósito reenvia-se para o Ponto 1.1.1 *supra*.

contratuais e para o processamento de operações societárias (por exemplo, pagamento de dividendos ou cupões)[161].

De resto, a maioria dos *stakeholders* acredita que a utilização da DLT conduzirá a eficiências e outros benefícios no que respeita à prestação de serviços de investimento, admissão à negociação, negociação e liquidação e compensação de valores mobiliários[162].

Por fim, é importante notar que a possibilidade de serem criados valores mobiliários sob a forma de criptoativos, utilizando tecnologia *blockchain* (ou outra DLT ou tecnologia similar) e *smart contracts* para o efeito, pode permitir «desenhar» instrumentos de financiamento melhor adaptados às necessidades das empresas, facultando um aumento e/ou diversificação das fontes de financiamento ao seu dispor. Adicionalmente, e se a potencial redução de custos se efetivar na prática, a emissão de valores mobiliários sob a forma de criptoativos poderá contribuir para permitir o acesso de mais empresas ao mercado de instrumentos financeiros como fonte de financiamento, alternativa ao financiamento bancário, com especial relevo para as empresas em fase de arranque e pequenas e médias empresas («PMEs»)[163].

[161] Cf. quanto aos benefícios identificados e inclusive para o seu aprofundamento, Comissão Europeia, *Commission Staff Working Document Impact Assessment Accompanying the document Proposal for a Regulation of the European Parliament and of the Council on Markets in Crypto-assets and amending Directive (EU) 2019/1937,* (2020), 22-23; ESMA, *Report on Distributed Ledger Technology Applied to Securities Markets,* (2017), 12-17; ESMA, *Report on DLT Pilot Regime,* (2022), 14; OCDE, *Regulatory Approaches to the Tokenisation of Assets,* (2021), 5-7; e OCDE, *The Tokenisation of Assets and Potential Implications for Financial Markets,* (2020), 16-19.

[162] Cf. Comissão Europeia, *Commission Staff Working Document Impact Assessment Accompanying the document Proposal for a Regulation of the European Parliament and of the Council on Markets in Crypto--assets and amending Directive (EU) 2019/1937,* (2020), 79.

[163] Sobre o financiamento de *startups* cf. Ana Perestrelo Oliveira, *O papel das startups na FinTech e o ciclo de financiamento de start-ups,* em António Menezes Cordeiro/ Ana Perestrelo de Oliveira/ Diogo Pereira Duarte (org.), *FinTech: Novos Desafios da tecnologia financeira,* 2ª ed., Almedina: Coimbra (2019), 255-263 e Diogo Pereira Duarte/ João Freire de Andrade, *Breves notas sobre o financiamento de start-ups e a sua regulação,* em António Menezes Cordeiro/ Ana Perestrelo de Oliveira/ Diogo Pereira Duarte (org.), *FinTech II: Novos estudos sobre tecnologia financeira,* Almedina: Coimbra (2019), 216-248 (238-248).

3.2. Pontos carecedores de revisão legislativa

O quadro regulatório nacional e europeu não permite, com clareza e segurança, depreender os critérios de aplicação da legislação existente em matéria de serviços financeiros aos criptoativos de investimento que podem ser qualificados como valores mobiliários.

A esse propósito, analisaremos esta questão a partir de duas óticas diferentes, mas necessariamente relacionadas: uma conceptual e outra pragmática.

3.2.1. A insatisfação em torno do conceito de valores mobiliários

A DMIF II não estabelece um conceito de valor mobiliário, mas delimita tipologicamente a figura, enumerando alguns exemplos de instrumentos que podem ser qualificados como valores mobiliários[164].

A DMIF II, no artigo 4.º, n.º 1, ponto 44), define valores mobiliários como «as categorias de valores que são negociáveis no mercado de capitais, com exceção dos meios de pagamento, como por exemplo: a) Ações de sociedades e outros valores equivalentes a ações de sociedades, de sociedades de responsabilidade ilimitada (partnership) ou de outras entidades, bem como certificados de depósito de ações; b) Obrigações ou outras formas de dívida titularizada, incluindo certificados de depósito desses títulos; c) Quaisquer outros valores que confiram o direito à compra ou venda desses valores mobiliários ou que deem origem a uma liquidação em dinheiro, determinada por referência a valores mobiliários, divisas, taxas de juro ou de rendimento, mercadorias ou outros índices ou indicadores».

Adicionalmente, a circunstância da DMIF II carecer de transposição para os ordenamentos jurídicos dos vários Estados-Membros da União Europeia acabou por gerar diferenças nas legislações nacionais

[164] Cf. Rüdiger Veil, *European Capital Markets Law, trad. Rebecca Schweiger*, 2nd ed., Hart: Oxford, Portland, (2017), 116.

em matéria de classificação de valores mobiliários[165]. Por esse motivo, existe a possibilidade de determinados criptoativos de investimento poderem ser qualificados como valores mobiliários nuns Estados-Membros e noutros não.

A ESMA analisou este tema, levando a cabo, em 2018, uma consulta ao abrigo da qual apresentou seis exemplos de criptoativos emitidos no seio de ICO às autoridades competentes nacionais dos vários Estados-Membros para verificar a sua análise e interpretação no que respeita à possível qualificação jurídica de determinados criptoativos como instrumentos financeiros à luz do seu direito nacional, considerando a transposição da DMIF II. Os seis casos de criptoativos apresentados refletiam características e finalidades diferentes que iam desde tipos de investimento (caso 1 e 2), a tipos com função de utilidade diferente de meio de troca ou de pagamento (caso 5) e a tipos híbridos (casos 3, 4 e 6), sendo que os criptoativos com uma função puramente de meio de troca ou pagamento não foram incluídos na seleção de exemplos por se considerar que seria pouco provável que os mesmos se qualificassem como instrumentos financeiros[166].

A ESMA apurou que a maioria dos Estados-Membros não prevê critérios específicos para identificar valores mobiliários ao abrigo da sua legislação nacional e, aqueles que preveem tais critérios, não o fazem de forma homogénea, uns seguindo uma interpretação mais restritiva e outros uma interpretação mais ampla do que consideram ser valores mobiliários.

Adicionalmente, mesmo quanto aos termos «categorias de valores mobiliários» e «negociabilidade no mercado de capitais», utilizados no

[165] Paulo Câmara refere-se a uma insatisfação terminológica das categorias conceptuais de base de «valor mobiliário» e «instrumento financeiro», que representa um sinal de que estamos num período de transição. Para o autor, as categorias concetuais de base não são estáveis, e a densidade de elaboração doutrinária é desigual em relação a cada uma, sendo, ainda assim, o conceito mais trabalhado e com maior tradição o de valor mobiliário – cf. PAULO CÂMARA, *Manual de Direito dos Valores Mobiliários*, 4ª ed., Almedina: Coimbra (2018), 103. Para um estudo das dificuldades na delimitação do conceito de valor mobiliário cf. obra citada, 104-121.

[166] Cf. ESMA, *Annex 1 – Legal qualification of crypto-assets – survey to NCAs*, (2019), 2–3. Note-se que à data da consulta o Reino Unido ainda era Estado-Membro da União Europeia.

contexto da definição de valores mobiliários prevista no artigo 4.º, n.º 1, ponto 44), da DMIF II, os Estados-Membros têm interpretações e abordagens distintas quanto ao seu significado[167].

Perante este quadro, uma conclusão afigura-se desde logo necessária: existem interpretações e formulações legislativas díspares do conceito de valor mobiliário e, consequentemente, existem países da União Europeia nos quais determinados criptoativos se qualificam como valores mobiliários e noutros não.

A existência de abordagens divergentes na regulamentação pode ter um efeito limitador sobre o uso de criptoativos[168]. A existência de diferentes visões e de posições distintas na qualificação de valores mobiliários gera incerteza jurídica e constitui um obstáculo à efetiva transmissão transfronteiriça de valores mobiliários sob a forma de criptoativos.

Os emitentes de criptoativos que possam ser qualificados como valores mobiliários terão menos probabilidade de atuar em certas jurisdições se o quadro jurídico aplicável for incerto e os investidores poderão ser prejudicados, nomeadamente no seu direito à informação, se determinados criptoativos se qualificarem como valores mobiliários numa jurisdição e noutra não[169].

No âmbito dos resultados da Consulta Pública para um Quadro Regulamentar da União Europeia para os Criptoativos, que terminou em março de 2020[170], a maioria dos respondentes considerou que a ausência de uma abordagem comum quanto à classificação de um criptoativo como instrumento financeiro cria um impedimento

[167] Para uma análise dessas diferenças vide ESMA, *Annex 1 – Legal qualification of crypto-assets – survey to NCAs*, (2019), 4-8.

[168] Neste sentido cf. Piers Haben/ Elisabeth Noble, *Crypto-Assets: A Test Case for Technological Neutrality*, (2020).

[169] Cf. Comissão Europeia, *Commission Staff Working Document Impact Assessment Accompanying the document Proposal for a Regulation of the European Parliament and of the Council on Markets in Crypto--assets and amending Directive (EU) 2019/1937*, (2020), 78.

[170] Mais informações sobre a Consulta Pública sobre um Quadro Regulamentar da União Europeia para os Criptoativos podem ser consultadas em: https://ec.europa.eu/info/law/better-regulation/have-your-say/initiatives/12089-Servicos-financeiros-Quadro-regulamentar-da-UE-para-os-criptoativos_pt (último acesso em 29 de setembro de 2023).

ao desenvolvimento efetivo de criptoativos que podem ser classificados como tal. Nesta matéria, foi sublinhado o risco de a adoção de abordagens distintas conduzir a uma arbitrariedade regulatória e criar dificuldades ao desenvolvimento de um mercado europeu para os criptoativos[171].

A maioria dos respondentes apontou a utilidade de existirem orientações ao nível da União Europeia sobre os principais critérios a serem tidos em consideração para efeitos de classificação de um criptoativo como valor mobiliário, tendo-se mostrado favoráveis a um quadro regulatório comum ao nível europeu, com definições harmonizadas, particularmente um conceito unificado de valores mobiliários. Note-se, contudo, que alguns respondentes consideraram que o atual quadro europeu sobre instrumentos financeiros era satisfatório e não necessitaria de ser alterado. Sustentam ainda que uma harmonização a nível da União Europeia da definição de instrumentos financeiros seria um processo demasiado complexo e improvável de acontecer, pois implicaria mudanças no direito privado dos Estados-Membros[172].

Mais recentemente, os respondentes à *Call for Evidence* que a ESMA levou a cabo no contexto do Regime Piloto DLT[173], salientaram a existência de limitações legais e regulamentares à aplicação das DLT e evidenciaram a perceção de divergências e incoerências em diversas matérias, nomeadamente na classificação de valores mobiliários digitais, o que leva a complexidade e a potenciais conflitos de leis entre

[171] Cf. Comissão Europeia, *Commission Staff Working Document Impact Assessment Accompanying the document Proposal for a Regulation of the European Parliament and of the Council on Markets in Crypto-assets and amending Directive (EU) 2019/1937*, (2020), 78.

[172] Cf. Comissão Europeia, *Commission Staff Working Document Impact Assessment Accompanying the document Proposal for a Regulation of the European Parliament and of the Council on Markets in Crypto-assets and amending Directive (EU) 2019/1937*, cit., 78-79.

[173] Cf. *Call for Evidence* da ESMA sobre o Regime Piloto DLT e a revisão de normas técnicas de regulamentação do RMIF (Regulamento (UE) n.º 600/2014 do Parlamento Europeu e do Conselho de 15 de maio de 2014, relativo aos mercados de instrumentos financeiros e que altera o Regulamento (UE) n.º 648/2012, conforme alterado), relativas a transparência e reporte de informação, que pode ser consultada em: https://www.esma.europa.eu/document/call-evidence-dlt-pilot-regime-and-review-mifir-rts-transparency-and-reporting (último acesso em 29 de setembro de 2023).

os Estados-Membros da UE, na ausência de um quadro harmonizado a nível europeu[174].

Entendemos que este problema *não é novo*, mas antes, *está novamente a ser evidenciado* pelo advento dos criptoativos, uma vez que estamos perante uma questão que não é específica dos criptoativos, existindo já uma fragmentação regulamentar e diferentes interpretações entre os Estados-Membros sobre o conceito de instrumento financeiro e de valor mobiliário[175].

Deve, portanto, ser encontrada uma solução para minimizar o impacto da desarmonia entre os Estados-Membros sobre o que se entende por valor mobiliário no desenvolvimento dos criptoativos que se podem qualificar como valores mobiliários.

Apontamos como potencial solução a adoção de medidas de nível 3, nomeadamente a emissão pela ESMA de orientações a dirigir aos emitentes e prestadores de serviços e atividades de investimento em valores mobiliários e às autoridades competentes nacionais, a fim de garantir uma aplicação comum, uniforme e coerente do direito da União Europeia[176].

Tais orientações incidiriam sobre a definição de valores mobiliários prevista no artigo 4.º, n.º 1, ponto 44), da DMIF II e teriam o objetivo de contribuir para promover uma maior convergência a nível da interpretação dos critérios impostos pela DMIF II para a identificação de valores mobiliários. Desta forma, tentar-se-ia obter uma harmonização

[174] Cf. ESMA, *Report on DLT Pilot Regime*, (2022), 15.

[175] No sentido que defendemos veja-se o entendimento de António Barreto Menezes Cordeiro sobre o impacto de *FinTech* no Direito Financeiro «coloca[r] novos e renovados problemas à Ciência Jurídica e aos legisladores» *in* A. Barreto Menezes Cordeiro, *Revisitando o conceito de valor mobiliário: o caso especial dos* tokens *emitidos no âmbito de ICOs*, em A. Barreto Menezes Cordeiro/ Francisco Satiro (coord.), *Direito dos valores mobiliários e dos mercados de instrumentos financeiros, Angola, Brasil e Portugal*, Almedina: Coimbra (2019), 61-82 (63) e a posição de alguns dos respondentes *in* Comissão Europeia, *Commission Staff Working Document Impact Assessment Accompanying the document Proposal for a Regulation of the European Parliament and of the Council on Markets in Crypto-assets and amending Directive (EU) 2019/1937*, (2020), 78-79.

[176] Cf. artigo 16.º, n.º 1 do Regulamento (UE) n.º 1095/2010 do Parlamento Europeu e do Conselho, de 24 de novembro de 2010, que cria uma Autoridade Europeia de Supervisão, altera a Decisão n.º 716/2009/CE e revoga a Decisão 2009/77/CE da Comissão. Note-se que as «orientações não consistem meramente na referência a elementos de atos legislativos nem na reprodução destes» – artigo 16.º n.º 2-A, do mesmo diploma.

da qualificação de valores mobiliários e, consequentemente, obstar ao tratamento diferente da mesma realidade, a fim de fomentar um desenvolvimento equilibrado dos mercados de criptoativos que se podem qualificar como valores mobiliários e criar condições justas e equitativas de concorrência para os intervenientes no mercado.

Salienta-se ainda, no contexto do Regulamento MiCA, a incumbência à ESMA por parte do legislador europeu da emissão de orientações sobre os critérios e condições que os criptoativos devem preencher para se classificarem como instrumentos financeiros. Estas orientações devem ainda possibilitar a compreensão dos casos em que os criptoativos únicos e infungíveis se classificam como instrumentos financeiros[177]. A ESMA deverá divulgar estas medidas de nível 3 até 30 de dezembro de 2024.

Note-se, contudo, que as orientações da ESMA são instrumentos de *soft law* e, nessa qualidade, «não são vinculativas no sentido tradicional». «São um tipo de norma imperfeita: por um lado, têm claramente a ambição normativa de induzir os destinatários a adotarem um comportamento conforme. Por outro lado, não estão associados a instrumentos de coerção direta»[178-179].

Por fim, repare-se que o artigo 18.º, n.º 1, do Regulamento DLT procedeu à alteração da DMIF II no sentido de clarificar que na atual definição de instrumentos financeiros, prevista no artigo 4.º, n.º 1, ponto 15), da DMIF II, incluem-se os instrumentos financeiros emitidos através da tecnologia de registo distribuído, «[c]om o intuito de garantir que esses instrumentos financeiros possam ser comercializados no mercado ao abrigo do atual quadro jurídico»[180].

[177] Cf. artigo 2.º, n.º 5 e considerando 14 do Regulamento MiCA.

[178] Ponto 86 das Conclusões do Advogado Geral Michal Bobek no Processo C-16/16, Reino da Bélgica contra Comissão Europeia. As Conclusões do Advogado Geral e o Acórdão do Tribunal de Justiça da União Europeia Bélgica/Comissão podem ser consultadas em: https://curia.europa.eu/juris/liste.jsf?num=C-16/16 (último acesso em 23 de outubro de 2021).

[179] Sobre *soft law* no mercado de criptoativos cf. João Vieira dos Santos, *Soft Law e boa governança no mercado das criptomoedas Soft Law and good governance in the cryptocurrencies market*, (2018).

[180] Comissão Europeia, *Proposta de Diretiva do Parlamento Europeu e do Conselho, que altera as Diretivas 2006/43/CE, 2009/65/CE, 2009/138/UE, 2011/61/UE, UE/2013/36, 2014/65/UE, (UE) 2015/2366 e UE/2016/2341*, (2020), 8 (considerando 6).

É nosso entendimento que tal alteração não se revela proveitosa.

A existirem medidas de nível 1 nesta matéria, consideramos que as mesmas devem incidir sobre a definição de «valores mobiliários», nomeadamente alterando-se a atual redação do artigo 4.º, n.º 1, ponto 44), da DMIF II, quer seja no sentido de estabelecer uma definição geral daquele conceito, quer seja densificando os critérios de «categorias de valores mobiliários» e «negociabilidade no mercado de instrumentos financeiros» aí previstos para a identificação de valores mobiliários.

Note-se ainda que o próprio legislador já anteriormente havia reconhecido estar em curso uma transferência de tecnologias[181]. Entendemos que, por uma questão de prevalência da substância sob a forma, não se mostrava necessário, nem útil, proceder à modificação do conceito de «instrumentos financeiros» previsto na DMIF II a fim de clarificar que inclui instrumentos financeiros emitidos através da DLT[182].

3.2.2. A falta de neutralidade tecnológica de normas jurídicas em vigor

Uma transferência de tecnologias no setor financeiro tem potencial para suceder de forma relativamente pacífica se a legislação aplicável em matéria de serviços financeiros for tecnologicamente neutra.

De acordo com um princípio de neutralidade tecnológica, o quadro regulatório e o tratamento de produtos e serviços ou atividades financeiras não devem ser influenciados pelo suporte tecnológico através do

[181] Cf. considerando 15 do Regulamento *Crowdfunding*.

[182] O artigo 18.º, n.º 1 do Regulamento DLT alterou o artigo 4.º, n.º 1, ponto 15) da DMIF II, conferindo-lhe a seguinte redação: «*15)* "Instrumento financeiro", qualquer dos instrumentos especificados no anexo I, secção C, incluindo os instrumentos emitidos através da tecnologia de registo distribuído». Adicionalmente, o artigo 18.º, n.º 2 do Regulamento DLT aditou o seguinte número ao artigo 93.º da DMIF II: «3-A. Até 23 de março de 2023, os Estados-Membros adotam e publicam as disposições necessárias para dar cumprimento ao artigo 4.º, n.º 1, ponto 15, e comunicam-nas à Comissão. Os Estados-Membros aplicam essas disposições a partir de 23 de março de 2023. Em derrogação do primeiro parágrafo, os Estados-Membros que não possam adotar as disposições necessárias para dar cumprimento ao artigo 4.º, n.º 1, ponto 15, até 23 de março de 2023, por os seus processos legislativos demorarem mais de nove meses, beneficiam de uma prorrogação por um período máximo de seis meses a contar de 23 de março de 2023, desde que notifiquem a Comissão da sua necessidade de recorrer a essa prorrogação até 23 de março de 2023».

qual os produtos e serviços ou atividades são fornecidos. Como efeito, a utilização da DLT ou outra tecnologia não deve afetar o enquadramento regulatório e/ou os termos da sua aplicação[183].

Note-se que, à presente data, não é esse o caso da legislação europeia em matéria de serviços financeiros.

Sem prejuízo de orientar as suas políticas por um princípio de neutralidade tecnológica, a Comissão Europeia admite que a atual legislação em matéria de serviços financeiros não foi concebida tendo em consideração especificamente a DLT e os criptoativos, pelo que contém regras que restringem e, no limite, proíbem a utilização da DLT[184].

A este respeito, vejamos alguns desafios a propósito de potenciais restrições ou impedimentos do quadro regulatório atual para a utilização da tecnologia *blockchain* (ou outra DLT ou tecnologia similar) relacionados, sobretudo, com as suas especificidades técnicas e tecnológicas.

a) Registo de valores mobiliários

Atendendo às principais características da tecnologia *blockchain*, esta revela-se, pelo menos em abstrato, especialmente adequada «para assegurar o registo de titularidade e de transações relativas a valores mobiliários»[185].

[183] Cf. OCDE, *Regulatory Approaches to the Tokenisation of Assets*, (2021), 12. Note-se que avaliar a neutralidade tecnológica requer a adoção de uma perspetiva ampla que inclua o objetivo das normas jurídicas em causa e reflita sobre a melhor forma de a lei proteger interesses e valores quando ameaçados ou afetados pela evolução tecnológica – cf. Thomas Riis/ Jens Schovsbo, *Towards a Legal Methodology of Digitalisation*, em Matthias C. Kettemann/ Alexander Peukert/ Indra Spiecker gen. Döhmann (eds.), *The Law of Global Digitality*, Routledge: London, New York (2022), 44. Para uma análise relativa a neutralidade tecnológica de normas jurídicas reenvia-se para a obra citada, 42-46.

[184] Cf. Comissão Europeia, *Comunicação da Comissão ao Parlamento Europeu, ao Conselho, ao Banco Central Europeu, ao Comité Económico e Social Europeu e ao Comité das Regiões Plano de Ação para a Tecnologia Financeira: rumo a um setor financeiro europeu mais competitivo e inovador*, 11, disponível em: https://eur-lex.europa.eu/legal-content/PT/TXT/?uri=CELEX%3A52018DC0109 (último acesso em 29 de setembro de 2023); cf. a exposição de motivos da Comissão Europeia no âmbito da Proposta de Regulamento DLT (pág. 4) e os considerandos 4 e 5 do Regulamento DLT.

[185] Francisco Mendes Correia, *A tecnologia descentralizada de registo de dados* (blockchain) *no setor financeiro*, em António Menezes Cordeiro/ Ana Perestrelo de Oliveira/ Diogo Pereira Duarte (org.), *FinTech. Desafios da tecnologia financeira*, 2ª ed., Almedina: Coimbra (2019), 83-89 (87). Para uma análise do regime da transmissão da titularidade dos criptoativos ao abrigo do direito português reenvia-se para Márcia Tomás Pires, *A Transmissão da Titularidade de Criptoativos no Ordenamento*

Contudo, atendendo a essas mesmas características, nomeadamente à sua natureza distribuída que permite a plurilocalização do registo e a sua disponibilização em múltiplos locais da rede[186], notamos que o regime de registo de valores mobiliários em vigor não se encontra adaptado para os valores mobiliários sob a forma de criptoativos.

A neutralidade tecnológica deste regime é posta em causa pela tipicidade de modalidades de registo, que não admite diretamente o registo DLT como base do registo de valores mobiliários.

Assim sucede no direito português em que há três modalidades de registo: registo integrado em sistema centralizado, registo num único intermediário financeiro e registo no emitente ou em intermediário financeiro que o represente (cf. artigo 61.º, do Código dos Valores Mobiliários).

O registo de valores mobiliários integrado em sistema centralizado, obrigatório em caso de valores mobiliários admitidos à negociação numa plataforma de negociação, supõe a existência de uma entidade gestora do sistema centralizado em contacto com os intermediários financeiros que prestam o serviço de registo[187]. O regime atual prevê a duplicação de contas para o controlo da quantidade de valores mobiliários em circulação[188]. Tal exigência normativa poderá afigurar-se restritiva da utilização da tecnologia *blockchain* na hipótese em que o emitente, o intermediário financeiro que presta o serviço de registo de titularidade e a entidade gestora do sistema centralizado são todos participantes da mesma rede *blockchain*. No fundo, «tratar-se-ia de um único registo,

Jurídico Português: Aspetos Jurídicos e Implicações Práticas do Regulamento MiCA, em João Vieira dos Santos/ João Luz Soares/ Martinho Lucas Pires/ Guilherme Maia (coord.), *MiCA – Estudos sobre a Nova Regulação Europeia de Criptoativos*, Almedina: Coimbra (2023), 193-205.

[186] A este propósito reenvia-se para o Ponto 1.1. *supra*.

[187] A função da entidade gestora, no sistema centralizado, é de coordenar a massa total dos valores mobiliários em circulação e a totalidade das transmissões que são feitas entre intermediários financeiros, assegurando que a soma de todas as contas de titularidade em cada intermediário financeiro deve necessariamente corresponder à conta de emissão aberta na entidade emitente, uma vez que não existe nenhuma relação direta entre a entidade emitente e o intermediário financeiro que presta o serviço de registo – Paulo Câmara, *Manual de Direito dos Valores Mobiliários*, 4ª ed., Almedina: Coimbra (2018), 201-202.

[188] Cf. artigos 62.º, 91.º e 92.º do CVM e artigo 37.º do Regulamento Centrais de Valores Mobiliários.

mantido numa base multilateral, em que as inscrições (da emissão, da titularidade e das posteriores transações) seriam feitas por consenso multilateral»[189]. Nesta hipótese, a exigência de duplicação de contas de registo perde o seu efeito útil, uma vez que todas as transações com os criptoativos ficam inscritas no registo distribuído, que se encontra disponível em múltiplos locais da rede, sendo a integridade dos dados registados assegurada pelo funcionamento da própria *blockchain*[190].

Assim, a dificuldade maior reside no sistema centralizado, que assenta nos poderes de controlo da entidade gestora (numa lógica hierárquica e vertical), o que não se mostra compatível com o sistema DLT.

A admissão direta de registo DLT acautelaria a necessária neutralidade tecnológica a este propósito.

Sem prejuízo do exposto, cumpre notar a solução adotada pelo legislador nacional para efeitos da execução do Regulamento DLT na ordem jurídica interna, através do Regime de Execução do Regulamento DLT, aprovado pelo Decreto-Lei n.º 66/2023, de 8 de agosto[191].

Este regime de execução deve ser lido em conjugação com as disposições do Regulamento DLT. O artigo 3.º, n.º 1, do Regime de Execução do Regulamento DLT permite que instrumentos financeiros, como certos tipos de valores mobiliários, nomeadamente ações, obrigações e unidades de participação[192], admitidos à negociação em

[189] Francisco Mendes Correia, *A tecnologia descentralizada de registo de dados* (blockchain) *no setor financeiro*, em António Menezes Cordeiro/ Ana Perestrelo de Oliveira/ Diogo Pereira Duarte (org.), *FinTech. Desafios da tecnologia financeira*, 2ª ed., Almedina: Coimbra (2019), 83-89 (87).

[190] Para um estudo de questões que se levantam em matéria de guarda e registo da propriedade de valores mobiliários e direitos ligados aos valores mobiliários a propósito da utilização da DLT, reenvia-se para ESMA, *Report on Distributed Ledger Technology Applied to Securities Markets*, (2017), 16-17; ESMA, *Report on DLT Pilot Regime*, (2022), 15; Heikki Marjosola, *Security Tokens and the Future of EU Securities Law*, em Emilios Avgouleas/ Heikki Marjosola (eds.), *Digital Finance in Europe: Law, Regulation, and Governance ECFR Special Volume* 5, De Gruyter: Berlin, Boston (2022), 265; e OCDE, *Institutionalisation of crypto-assets and DeFi–TradFi interconnectedness*, (2022), 46. Em particular, a propósito da utilização de *blockchain* reenvia-se para Francisco Mendes Correia, *A tecnologia descentralizada de registo de dados* (blockchain) *no setor financeiro*, em António Menezes Cordeiro/ Ana Perestrelo de Oliveira/ Diogo Pereira Duarte (org.), *FinTech. Desafios da tecnologia financeira*, 2ª ed., Almedina: Coimbra (2019), 85-89 (87).

[191] Cf. artigo 8.º e Anexo II do Decreto-Lei n.º 66/2023, de 8 de agosto.

[192] Artigo 3.º, n.º 1 do Regulamento DLT que delimita os tipos de instrumentos financeiros DLT que podem ser admitidos à negociação ou registados numa infraestrutura de mercado DLT.

sistema de negociação multilateral DLT, beneficiem de uma derrogação da regra da obrigatoriedade de integração em sistema centralizado, consagrada no artigo 62.º, do Código dos Valores Mobiliários[193].

O artigo 3.º, n.º 2, do Regime de Execução do Regulamento DLT permite o uso dos sistemas de registo previstos no artigo 61.º, do Código dos Valores Mobiliários, com exceção das situações previstas no artigo 63.º, n.º 1, do mesmo diploma. Em concreto, trata-se de permitir a opção por qualquer uma das três modalidades de registo: registo integrado em sistema centralizado, registo num único intermediário financeiro ou registo no emitente. Com exceção da obrigatoriedade de registo num único intermediário financeiro, quando não haja a integração em sistema centralizado, nas seguintes situações: (i) valores mobiliários distribuídos através de oferta pública e outros que pertençam à mesma categoria; (ii) valores mobiliários emitidos conjuntamente por mais do que uma entidade; e (iii) unidades de participação em organismo de investimento coletivo.

Adicionalmente, o artigo 3.º, n.º 3, do Regime de Execução do Regulamento DLT regula a hipótese em que um operador de infraestruturas de mercado DLT opta pelo sistema de registo único em intermediário financeiro, prevista na alínea b), do artigo 61.º, do Código dos Valores Mobiliários. Nesse caso, impõe-se a atuação exclusiva do operador de infraestruturas de mercado DLT como intermediário financeiro registador dos valores mobiliários.

Em síntese, no contexto da execução no ordenamento jurídico português do Regulamento DLT, o legislador nacional reconhece, por um lado, a utilização dos sistemas de registo de âmbito nacional. Adicionalmente, consente derrogações às regras em vigor que obrigam ao registo integrado em sistema centralizado. Por outro lado,

[193] Em especial, relativamente a instrumentos financeiros DLT que sejam unidades de participação de organismos de investimento coletivo, para um estudo do enquadramento regulatório aplicável à utilização da DLT e dos criptoativos na indústria de gestão de ativos, reenvia-se para Joana Rola de Veludo, *MiCAR, AIFMD e DLTR: Os criptoativos e as DLT e a sua aplicação aos mercados financeiros, em especial, à gestão de ativos*, em João Vieira dos Santos/ João Luz Soares/ Martinho Lucas Pires/ Guilherme Maia (coord.), *MiCA – Estudos sobre a Nova Regulação Europeia de Criptoativos*, Almedina: Coimbra (2023), 151-191.

o legislador nacional também regula o registo num único intermediário financeiro quando o operador de infraestruturas de mercado DLT opte por esta modalidade de registo, a fim de compatibilizar os sistemas de registo de valores mobiliários existentes com a desintermediação financeira potenciada pela adoção da DLT.

Importa sublinhar que este regime é provisório, atenta a própria natureza temporária das autorizações específicas e das isenções conferidas ao abrigo do Regulamento DLT, e tem um âmbito restrito, aplicando-se apenas aos operadores de infraestruturas de mercado DLT que operam no âmbito do regime-piloto DLT[194].

Por fim, entendemos que, pelo menos numa fase inicial, será necessário assegurar a interação entre sistemas, nomeadamente entre sistemas de registo distribuído e sistemas tradicionais de registo em conta.

O próprio legislador europeu reconheceu a importância desta interação no considerando 3 do Regulamento DLT, ao pronunciar-se sobre o êxito das oportunidades geradas pela DLT na melhoria da eficiência do processo de negociação e de pós negociação: «uma vez que os compromissos fundamentais que envolvem o risco de crédito e a liquidez permanecem num mundo sob a forma de tokens, o êxito dos sistemas baseados em tokens dependerá da sua interação com os sistemas tradicionais baseados nas contas, pelo menos provisoriamente».

b) Criptografia de chave pública

Foi abordado, na exposição antecedente, que as *blockchains* utilizam criptografia de chave pública[195]. Relacionada com esta característica está a questão de saber se *ter o controlo de chaves privadas* é equivalente a *prestar serviços de guarda de valores mobiliários por conta de clientes*[196].

A opinião preliminar da ESMA vai no sentido de existir uma equivalência entre ambos os serviços. Consequentemente, as regras para assegurar a guarda e segregação de ativos de clientes deverão aplicar-se

[194] Cf. considerandos 15 (parte final) e 48 do Regulamento DLT.

[195] A propósito da criptografia de chave pública reenvia-se para o Ponto 1.1.1. *supra*.

[196] Cf. ponto 1) da Secção B do Anexo I da DMIF II.

aos prestadores de serviços relacionados com a guarda/custódia de criptoativos ou com o controlo dos meios de acesso a criptoativos, nomeadamente de chaves privadas. Sem prejuízo de, conforme reconhecido pela ESMA, alguns requisitos aplicáveis a esses prestadores de serviços carecerem de modificação por não poderem ser adaptados[197].

Neste contexto, o legislador europeu estabeleceu, a propósito do Regulamento DLT, uma equivalência entre a custódia de instrumentos financeiros DLT[198] e os meios de acesso a tais instrumentos financeiros, nomeadamente sob a forma de chaves criptográficas, no que diz respeito à necessidade de serem adotadas, pelo operador de uma infraestrutura de mercado DLT[199], medidas adequadas para a salvaguarda desses ativos (cf. artigo 7.º, n.º 5 e considerando 42, do Regulamento DLT)[200].

c) Novos riscos de cibersegurança

O setor financeiro atravessa o maior número de incidentes cibernéticos (especialmente do tipo malicioso, incidentes de privacidade e perda de dados)[201].

Com o surgimento e desenvolvimento da tecnologia *blockchain* revelam-se também novos riscos de cibersegurança. Em particular, a ESMA identificou a necessidade de assegurar que o protocolo das *blockchains* e os *smart contracts* que sustentam os criptoativos e as atividades com criptoativos cumprem com requisitos mínimos de fiabilidade

[197] Cf. ESMA, *Advice on Initial Coin Offerings and Crypto-Assets*, (2019), 37.

[198] Um instrumento financeiro DLT é «um instrumento financeiro que é emitido, registado, transferido e armazenado utilizando a tecnologia de registo distribuído» (cf. artigo 2.º, n.º 11 do Regulamento DLT).

[199] Uma infraestrutura de mercado DLT é «um sistema de negociação multilateral DLT, um sistema de liquidação DLT ou um sistema de negociação e liquidação DLT» (cf. artigo 2.º, n.º 5 do Regulamento DLT).

[200] Para uma análise do quadro legal previsto no Regulamento MiCA para os prestadores de serviços custódia e administração de criptoativos, reenvia-se para Tomás Gomes da Silva, *Entre a inovação e a proteção: a custódia de criptoativos no MICA*, em João Vieira dos Santos/ João Luz Soares/ Martinho Lucas Pires/ Guilherme Maia (coord.), *MiCA – Estudos sobre a Nova Regulação Europeia de Criptoativos*, Almedina: Coimbra (2023), 721-739.

[201] Cf. Iñaki Aldasoro/ Leonardo Gambacorta/ Paolo Giudici/ Thomas Leach, *The Drivers of Cyber Risk*, BIS Working Papers No 865, (2020), 38.

e segurança[202]. A ESMA veio, assim, chamar a atenção para os novos riscos de segurança cibernética colocados pela utilização da DLT, incluindo os riscos de *hacks*, e para o facto de estes deverem ser considerados[203].

Nesta matéria, dois atos legislativos que interagem entre si terão um impacto significativo no âmbito da segurança cibernética no setor financeiro na União Europeia.

Trata-se, designadamente, do Regulamento (UE) 2022/2554 do Parlamento Europeu e do Conselho de 14 de dezembro de 2022 relativo à resiliência operacional digital do setor financeiro e que altera os Regulamentos (CE) n.º 1060/2009, (UE) n.º 648/2012, (UE) n.º 600/2014, (UE) n.º 909/2014 e (UE) 2016/1011 («Regulamento DORA»)[204] e da Diretiva (UE) 2022/2556 do Parlamento Europeu e do Conselho de 14 de dezembro de 2022 que altera as Diretivas 2009/65/CE, 2009/138/CE, 2011/61/UE, 2013/36/UE, 2014/59/UE, 2014/65/UE, (UE) 2015/2366 e (UE) 2016/2341 no que diz respeito à resiliência operacional digital para o setor financeiro («Diretiva de Modificação»)[205].

O Regulamento DORA estabelece requisitos uniformes aplicáveis às entidades financeiras no que respeita a segurança dos sistemas de rede e informação que apoiam os seus processos operacionais, nomeadamente requisitos em matéria de gestão do risco no domínio das tecnologias da informação e comunicação («TIC») que, até ao momento, foram abordados separadamente em vários atos jurídicos da União Europeia[206].

[202] Cf. ESMA, *Advice on Initial Coin Offerings and Crypto-Assets*, (2019), 37.

[203] *Ibidem*, 37. Em particular, no que concerne aos riscos identificados nos mercados de criptoativos, incluindo a sua utilização em aplicações financeiras e respetivas infraestruturas de mercado reenvia-se para ESMA, *TVR Risk Analysis Crypto-assets and their risks for financial stability*, (2022), 5-9.

[204] O referido diploma pode ser consultado em: https://eur-lex.europa.eu/legal-content/EN/TXT/?uri=CELEX%3A32022R2554 (último acesso em 28 de setembro de 2023).

[205] O referido diploma pode ser consultado em: https://eur-lex.europa.eu/legal-content/PT/TXT/?uri=CELEX:32022L2556 (último acesso em 28 de setembro de 2023).

[206] O artigo 3.º, n.º 1 do Regulamento DORA define resiliência operacional digital como «capacidade da entidade financeira para criar, assegurar e reavaliar a sua integridade e fiabilidade operacionais, assegurando direta ou indiretamente, com recurso a serviços fornecidos por terceiros prestadores de serviços de TIC, toda a gama de capacidades relacionadas com as TIC necessárias para salvaguardar a segurança dos sistemas de rede e informação que a entidade financeira utiliza e que permitem a contínua prestação de serviços financeiros e a qualidade dos mesmos, inclusive em alturas de perturbações».

Entre as entidades financeiras abrangidas pelo âmbito de aplicação do Regulamento DORA estão as empresas de investimento, as centrais de valores mobiliários, as plataformas de negociação, as sociedades gestoras, os prestadores de serviços de criptoativos autorizados nos termos do Regulamento MiCA, os prestadores de serviços de financiamento colaborativo, entre outras (cf. artigo 2.º, n.º 1, do Regulamento DORA). Por seu turno, a Diretiva de Modificação procede à alteração de diversas diretivas do setor financeiro, tendo em vista assegurar a conformidade daqueles diplomas com o Regulamento DORA. Esta diretiva reconhece a importância de assegurar a resiliência operacional das operações digitais contra o risco associado às TIC das entidades financeiras, admitindo que esta necessidade se tornou «ainda mais premente devido ao crescimento das tecnologias revolucionárias no mercado, nomeadamente tecnologias que permitem que as representações digitais de valores ou direitos sejam transferidas e armazenadas eletronicamente recorrendo à tecnologia de registo distribuído ou a tecnologias semelhantes (criptoativos), bem como do mercado dos serviços relacionados com esses ativos» (cf. considerando 3, da Diretiva de Modificação).

Espera-se que estes diplomas possam efetivamente vir a dar uma resposta adequada para os crescentes desafios emergentes em matéria de segurança cibernética, em particular no contexto dos mercados de criptoativos.

d) Comercialização em mercado secundário

É em mercado secundário[207] que se identificam maiores desafios na aplicação das normas existentes para a utilização da tecnologia *blockchain*

[207] O mercado secundário pode ser entendido como o «[m]ercado onde são transa[c]ionados os valores mobiliários previamente emitidos». Adicionalmente, e a fim de facilitar a compreensão, note-se que o mercado primário pode ser entendido como o «[m]ercado onde são oferecidos à subscrição os instrumentos financeiros em processo de emissão» e que a emissão pode de ser entendida como a «[o]peração pela qual os valores mobiliários são criados e oferecidos à subscrição dos investidores que os queiram adquirir. A emissão e subscrição são operações que ocorrem em mercado primário. Este opõe-se ao mercado secundário, que corresponde ao mercado onde os valores mobiliários são posteriormente transa[c]ionados por aqueles que os subscreveram ou os adquiriram já neste mercado» – CMVM, *Glossário de termos relativos a Instrumentos Financeiros.*

e dos *smart contracts* no exercício de atividades e prestação de serviços relacionados com valores mobiliários sob a forma de criptoativos[208].

Note-se que os serviços de negociação e de pós-negociação de valores mobiliários, tradicionalmente, são prestados por entidades distintas.

A esse respeito, veja-se que «[a] combinação de negociação e pós-negociação numa única entidade jurídica não é atualmente permitida, independentemente da tecnologia utilizada, devido a escolhas políticas relacionadas com a especialização dos riscos e a separação para fins de incentivar a concorrência»[209].

Com efeito, as plataformas de negociação onde são admitidos os valores mobiliários à negociação devem ser operadas por uma empresa de investimento ou um operador de mercado autorizado ao abrigo da DMIF II[210] e os valores em causa devem ser obrigatoriamente registados em centrais de valores mobiliários («CSD»)[211]. Existe, portanto, um impedimento legal à prestação simultânea dos serviços de negociação e de liquidação de valores mobiliários pela mesma entidade – tarefa agora possibilitada pela utilização da tecnologia *blockchain* e dos *smart contracts*.

Além disso, o quadro legal atual exige que o acesso a sistemas de liquidação de valores mobiliários seja intermediado por uma instituição de crédito ou por uma empresa de investimento[212], o que significa que as pessoas singulares não estão geralmente autorizadas a aceder diretamente ao sistema de liquidação. Esta exigência é restritiva da utilização de tecnologia *blockchain*, considerando que as plataformas de negociação de criptoativos permitem aos utilizadores finais iniciar

[208] A este respeito e para um maior desenvolvimento da questão cf. Comissão Europeia, *Proposta de Regulamento do Parlamento Europeu e do Conselho relativo a um regime-piloto para as infraestruturas de mercado baseadas na tecnologia de registo distribuído*, (2020), 4 e ESMA, *Use of FinTech by CSDs*, (2021), 12.

[209] Comissão dos Assuntos Económicos e Monetários, *Relatório sobre a proposta de regulamento do Parlamento Europeu do Conselho relativo a um regime-piloto para as infraestruturas de mercado baseadas na tecnologia de registo distribuído*, (2021), 10.

[210] Cf. em particular os artigos 5.º e 18.º, 19.º e 20.º da DMIF II.

[211] Cf. em particular o artigo 3.º, n.º 2 do Regulamento Centrais de Valores Mobiliários.

[212] Cf., em particular, artigos 2.º, n.º 1, ponto 19) e 39.º do Regulamento Centrais de Valores Mobiliário, artigo 2.º, alínea f), da Diretiva Carácter Definitivo da Liquidação e os artigos 266.º a 272.º do CVM.

diretamente a liquidação através de uma ordem ou uma solicitação de *smart contracts*[213].

Na presente data, na União Europeia, é muito pouco expressiva a utilização da DLT por infraestruturas de mercado, nomeadamente por plataformas de negociação e por CSD. A experiência das CSD na União Europeia com a utilização da DLT encontra-se, na maioria dos casos, numa fase de estudo ou de desenvolvimento de projetos piloto. Até à data, apenas uma CSD autorizada ao abrigo do Regulamento Centrais de Valores Mobiliários utiliza DLT para prestar serviços de registo e serviços de manutenção central para fazer o registo de todas as alterações resultantes das transações liquidadas através da plataforma T2S (*Target2-Securities*). Esta CSD expressou a sua intenção de alargar progressivamente a utilização da DLT, em particular através da integração dos *smart contracts* que lhe permitam alargar o modelo de serviço dos ativos ao longo de todo o ciclo de vida de um instrumento de dívida. Mesmo que, neste caso, a utilização da DLT não abranja toda a gama de serviços previstos do Regulamento Centrais de Valores Mobiliários, a ESMA considera que o facto de uma CSD que utiliza DLT ter sido autorizada ao abrigo daquele regulamento mostra que o mesmo é, na sua maioria, tecnologicamente neutro[214].

Nos termos reconhecidos pela Comissão Europeia, «[a] inexistência de um mercado secundário baseado [em] DLT condiciona os ganhos de eficiência e o desenvolvimento sustentável de um mercado primário de instrumentos financeiros sob a forma de criptoativos»[215], pelo que se afigura fundamental assegurar as condições para o desenvolvimento de um mercado secundário para os valores mobiliários e outros instrumentos financeiros sob a forma de criptoativos.

Importa sublinhar, portanto, que a DLT permite realizar várias tarefas habitualmente na esfera de diversos intervenientes nos mercados

[213] Cf. Demelza Hays, *Security Token Regulation in Europe in 2021 Part 2*, (2021).

[214] Cf. ESMA, *Use of FinTech by CSDs*, (2021), 12.

[215] Comissão Europeia, *Proposta de Regulamento do Parlamento Europeu e do Conselho relativo a um regime-piloto para as infraestruturas de mercado baseadas na tecnologia de registo distribuído*, (2020), 4.

financeiros, permitindo assegurar a transferência de valores, a conservação dos registos e a compensação e liquidação[216].

No âmbito dos recentes desenvolvimentos legislativos europeus, destacamos o Regulamento DLT que visa permitir que uma infraestrutura de mercado baseada em DLT possa ser autorizada a assegurar, entre outros, o registo inicial de instrumentos financeiros baseados em DLT, a negociação e respetiva liquidação das transações de instrumentos financeiros baseados em DLT, assim como a guarda dos mesmos[217-218].

De uma forma geral, o Regulamento DLT estabelece requisitos relativamente a determinadas infraestruturas de mercado e aos respetivos operadores, permitindo que estes possam obter uma autorização específica para operar uma infraestrutura de mercado DLT (cf. artigos 8.º a 10.º) e beneficiar de isenções de regras previstas na legislação europeia em matéria de serviços financeiros em vigor (cf. artigos 4.º a 6.º). Em contrapartida, o diploma exige salvaguardas adicionais relacionadas com a utilização da DLT tendo em vista proteger os investidores, a integridade do mercado e a estabilidade financeira (cf. artigos 3.º e 7.º, do Regulamento DLT).

O conceito de infraestrutura de mercado DLT inclui sistemas de negociação multilateral DLT(«MTF DLT»), sistemas de liquidação DLT («SS DLT») e sistemas de negociação e liquidação DLT («TSS DLT»).

Em particular, com o estabelecimento de requisitos que permitem isentar temporariamente certas infraestruturas de mercado DLT de requisitos estabelecidos na legislação europeia em matéria de serviços financeiros, visa-se ultrapassar certos impasses legais que, de outro modo, «poderiam impedir os operadores de desenvolver soluções para a

[216] Cf. Parma Bains/ Arif Ismail/ Fabiana Melo/ Nobuyasu Sugimoto, *Regulating the Crypto Ecosystem: The Case of Unbacked Crypto Assets*, IMF Fintech Notes, Vol. 2022, Issue 7, (2022), 28.

[217] Cf. Comissão dos Assuntos Económicos e Monetários, *Relatório sobre a proposta de regulamento do Parlamento Europeu do Conselho relativo a um regime-piloto para as infraestruturas de mercado baseadas na tecnologia de registo distribuído*, (2021), 10.

[218] Relativamente ao Regulamento DLT, reenvia-se ainda para ESMA, *Orientações sobre formulários normalizados, modelos e minutas de pedido de autorização para operar uma infraestrutura de mercado DLT*, (2023) e para ESMA, *Questions and Answers on the implementation of Regulation (EU) 2022/858 of the European Parliament and of the Council of 30 May 2022 on a pilot regime for market infrastructures based on distributed ledger technology*, (2023).

negociação e liquidação de transações de criptoativos que são considerados instrumentos financeiros, [ainda que] sem enfraquecer nenhum dos requisitos ou salvaguardas existentes aplicados às infraestruturas de mercado tradicionais»[219].

A figura mais inovadora são os TSS DLT, que combinam as atividades normalmente realizadas pelos sistemas de negociação multilateral e pelos sistemas de liquidação de valores mobiliários. Nos termos do considerando 14 do Regulamento DLT: «[a] utilização da tecnologia de registo distribuído, em que todas as transações são registadas num registo distribuído, pode acelerar e combinar a negociação e a liquidação em tempo quase real e poderá permitir a combinação dos serviços e atividades de negociação e pós-negociação. No entanto, as regras em vigor não preveem a combinação das atividades de negociação e pós-negociação numa única entidade, independentemente da tecnologia utilizada, devido a escolhas políticas relacionadas com a especialização dos riscos e a separação para fins de incentivo da concorrência». Nessa medida, tendo em vista permitir o aproveitamento dos potenciais benefícios da DLT em termos de combinação da negociação e da liquidação, o legislador europeu previu a existência de uma particular infraestrutura de mercado DLT: os TSS DLT.

No que concerne a tipos específicos da DLT, como é o caso da tecnologia *blockchain*, o legislador europeu alertou para a necessidade de a legislação dever ser neutra do ponto de vista da tecnologia utilizada, o que conduziu a que o Regulamento DLT não contivesse qualquer referência a um tipo específico da DLT. Assim, independentemente da tecnologia utilizada, os operadores de infraestruturas de mercado DLT devem assegurar o cumprimento de todos os requisitos previstos no Regulamento DLT (cf. considerando 9, do Regulamento DLT).

Entre nós, a CMVM é a autoridade competente para conceder e revogar uma autorização específica para operar um MTF DLT, um SS DLT ou um TSS DLT, assim como para supervisionar as infraestruturas de mercado DLT (cf. artigo 4.º, do Regime de Execução do

[219] Considerando 6, do Regulamento DLT.

Regulamento DLT). Relativamente aos serviços e atividades que os operadores de infraestruturas de mercado DLT poderão ser habilitados a prestar nos termos da legislação mobiliária nacional, constam os serviços de registo e depósito de instrumentos financeiros DLT, a gestão de sistemas de negociação multilateral e de liquidação de valores mobiliários, a receção, transmissão e execução de ordens por conta de outrem, a gestão de carteiras por conta de ourem e a negociação por conta própria (cf. artigo 2.º, do Regime de Execução do Regulamento DLT).

Por fim, gostaríamos de sublinhar que o desejável equilíbrio no âmbito da regulação dos criptoativos se mostra, sem dúvida, difícil de atingir. Torna-se necessário criar condições favoráveis à inovação e à utilização de novas tecnologias, ao mesmo tempo que, por outro lado, não se podem enfraquecer as salvaguardas existentes em matéria de proteção dos investidores, da integridade do mercado e da estabilidade financeira. Nessa medida, afigura-se importante uma «visão de conjunto» dos mercados tradicional e de criptoativos, que não ignore, quando relevantes, os traços distintivos de cada um[220].

Destaque-se, a este propósito, que as prioridades de trabalho anunciadas pela ESMA para 2024 incluem a inovação tecnológica. Neste contexto, a ESMA tem como objetivos, entre outros, (i) promover a adaptação à digitalização dos mercados financeiros, através do desenvolvimento e reforço de um conjunto único de regras, (ii) promover a convergência no domínio da supervisão e (iii) continuar a identificar as tendências e os riscos emergentes que possam ter um impacto elevado na proteção dos investidores e/ou na estabilidade financeira dos mercados. Ao longo de 2024, a ESMA continuará a desenvolver normas técnicas, orientações e relatórios ao abrigo dos Regulamentos DLT, DORA e MiCA.

O regulador europeu também manterá a monitorização dos desenvolvimentos relacionados com a viabilidade de tecnologias

[220] Cf. neste sentido Madalena Perestrelo de Oliveira, *Tutela do investidor perante o emitente no mercado de instrumentos financeiros: um modelo dinâmico de proteção*, Almedina: Coimbra (2021), 54. A autora alerta para a relevância de «um modelo com capacidade construtiva material apto a fazer face, também aos problemas que emergem nestes mercados» – *ibidem*, 60.

inovadoras, incluindo nas áreas de *SupTech*, *Regtech*, finanças descentralizadas (DeFi), inteligência artificial e *open finance*[221].

3.3. A importância de consideração de fatores de sustentabilidade

No momento atual não se pode, de forma alguma, descurar o tema da sustentabilidade ambiental, social e de governação societária no âmbito da regulação financeira, razão pela qual teceremos algumas considerações a este respeito.

Há uma crença crescente de que a sustentabilidade e a rentabilidade são duas faces da mesma moeda[222].

A crise pandémica provocada pelo novo coronavírus SARS-CoV-2, responsável pela doença COVID-19, tem globalmente alertado para a repercussão das alterações climáticas, das desigualdades sociais e da falta de gestão ética societária. Esta situação tem vindo a realçar a importância de serem consideradas outras dimensões do investimento além da dimensão financeira e a alertar investidores e empresas para a necessidade de realizarem investimentos e prosseguirem atividades comerciais e económicas mais sustentáveis[223].

Um vasto leque de investidores quer investir em empresas que obtenham um retorno do investimento e contribuam com um valor ambiental e social positivo[224].

No plano europeu, têm sido inúmeros os desenvolvimentos legislativos em matéria de integração de fatores de sustentabilidade nos

[221] Cf. ESMA, *Annual Work Programme 2024*, (2023), 15-17.

[222] Cf. John Hill, *Environmental, Social, and Governance (ESG) Investing. A Balanced Analysis of the Theory and Practice of a Sustainable Portfolio*, Academic Press: United Kingdom (2020), 4.

[223] Sustentabilidade, de acordo com o *Business Council for Sustainable Development* (BCSD) Portugal, é a capacidade de satisfazer as nossas necessidades no presente sem comprometer a capacidade de as gerações futuras satisfazerem as suas próprias necessidades, cf. informação disponível em: https://bcsdportugal.org/sustentabilidade/ (último acesso em 28 de setembro de 2023).

[224] Cf. John Hill, *Environmental, Social, and Governance (ESG) Investing. A Balanced Analysis of the Theory and Practice of a Sustainable Portfolio*, Academic Press: United Kingdom (2020), 5.

produtos e serviços oferecidos nos mercados de instrumentos financeiros. Os fatores de sustentabilidade podem ser definidos como «as questões ambientais, sociais e laborais, o respeito dos direitos humanos, a luta contra a corrupção e o suborno». Por seu turno, o risco em matéria de sustentabilidade é tido como «um acontecimento ou condição de natureza ambiental, social ou de governação cuja ocorrência é suscetível de provocar um impacto negativo significativo efetivo ou potencial no valor do investimento»[225].

As regras existentes em matéria de sustentabilidade no âmbito da legislação relativa a serviços financeiros devem aplicar-se (ainda que com as adaptações que se possam revelar necessárias) aos emitentes de valores mobiliários sob a forma de criptoativos e às empresas que prestam serviços e exercem atividades relacionadas com valores mobiliários sob a forma de criptoativos.

No âmbito da legislação europeia, salientam-se o Regulamento (UE) 2019/2088 do Parlamento Europeu e do Conselho de 27 de novembro de 2019 relativo à divulgação de informações relacionadas com a sustentabilidade no setor dos serviços financeiros, na sua redação atual («Regulamento SFDR») e o Regulamento (UE) 2020/852 do Parlamento Europeu e do Conselho de 18 de junho de 2020 relativo ao estabelecimento de um regime para a promoção do investimento sustentável, e que altera o Regulamento SFDR («Regulamento da Taxonomia») e respetivos atos delegados, cujo impacto no redireccionamento dos fluxos de capitais para investimentos mais sustentáveis, pelo menos do ponto de vista ambiental, se espera significativo[226]. Com o objetivo de auxiliar os investidores a compreender se estão a investir em produtos financeiros sustentáveis ou com objetivos sustentáveis, o Regulamento SFDR, alterado pelo Regulamento da Taxonomia que estabelece

[225] Artigo 2.º, respetivamente, n.ºs 24) e 22) do Regulamento (UE) 2019/2088 do Parlamento Europeu e do Conselho de 27 de novembro de 2019 relativo à divulgação de informações relacionadas com a sustentabilidade no setor dos serviços financeiros, conforme alterado (SFDR).

[226] Para um estudo relativo ao conceito de ESG, ao seu âmbito e principais componentes, bem como sobre a sua interseção com o governo societário reenvia-se para PAULO CÂMARA, *The Systemic Interaction Between Corporate Governance and ESG*, em Paulo Câmara/ Filipe Morais (eds.), *The Palgrave Handbook of ESG and Corporate Governance*, Springer Nature: Switzerland (2022), 3-40

os critérios para determinar se uma atividade económica é qualificada como sustentável do ponto de vista ambiental, impõe consideráveis obrigações de transparência aos intervenientes no mercado financeiro (como é o caso das empresas de investimento e instituições de crédito que prestem serviços de gestão de carteiras e das sociedades gestoras de organismos de investimento coletivo em valores mobiliários) e consultores financeiros. Estes sujeitos devem integrar os riscos em matéria de sustentabilidade e considerar os impactos negativos para a sustentabilidade nos seus processos, políticas e procedimentos internos, assim como são obrigados a prestar informações relacionadas com a sustentabilidade a nível dos produtos financeiros.

Assume também relevo o Regulamento Delegado (UE) 2021/1253 da Comissão, de 21 de abril de 2021, que altera o Regulamento Delegado (UE) 2017/565[227], no que diz respeito à integração dos fatores, dos riscos e das preferências de sustentabilidade em determinados requisitos em matéria de organização e nas condições de exercício da atividade das empresas de investimento. Este ato delegado exige que as empresas de investimento integrem os riscos de sustentabilidade relevantes referidos no Regulamento SFDR nos seus processos, sistemas e controlos internos. A análise dos riscos de sustentabilidade requer que as empresas de investimento disponham de capacidades e conhecimentos técnicos[228].

A propósito da nova estratégia europeia de Financiamento Sustentável[229] destaca-se a Diretiva (UE) 2022/2464 do Parlamento Europeu e do Conselho, de 14 de dezembro de 2022, que altera a Diretiva 2013/34/UE, a Diretiva 2004/109/CE, a Diretiva 2006/43/CE

[227] Cf. Regulamento Delegado (UE) 2017/565 da Comissão, de 25 de abril de 2016, que completa a Diretiva 2014/65/UE do Parlamento Europeu e do Conselho no que diz respeito aos requisitos em matéria de organização e às condições de exercício da atividade das empresas de investimento e aos conceitos definidos para efeitos da referida diretiva («Regulamento Delegado DMIF II»).

[228] Cf. considerando 3 e artigo 1.º, n.º 6, c) do Regulamento Delegado (UE) 2021/1253.

[229] Mais informações sobre a nova estratégia de Financiamento Sustentável e o pacote de medidas legislativas adotadas pela Comissão Europeia no dia 6 de julho de 2021 podem ser consultadas em: https://ec.europa.eu/commission/presscorner/detail/en/ip_21_3405 (último acesso em 28 de setembro de 2023).

e o Regulamento (UE) n.º 537/2014, no que diz respeito ao relato de sustentabilidade das empresas («CSRD»)[230]. Este diploma revê os requisitos de comunicação de informações não financeiras previstos na Diretiva Contabilística[231] que foram introduzidos pela Diretiva Informação Não Financeira[232], com vista ao alinhamento deste diploma com o quadro jurídico da União Europeia em matéria de financiamento sustentável, incluindo o Regulamento SFDR e o Regulamento Taxonomia[233].

A CSRD modifica a terminologia empregue na Diretiva Contabilística através da substituição da expressão «*informações não financeiras*» por «*informações sobre sustentabilidade*», uma vez que a expressão anterior sugeria que as informações em questão não revestem uma importância financeira, o que não corresponde à realidade[234].

Esta diretiva também alarga o âmbito de aplicação dos requisitos relativos à comunicação de informações pormenorizadas sobre sustentabilidade e exige que todas as grandes empresas e todas as empresas, com exceção das microempresas, cujos valores mobiliários estão admitidos à negociação num mercado regulamentado na União Europeia, comuniquem informações sobre sustentabilidade. Assim, as PME cotadas passam a estar abrangidas pela obrigação de divulgar um

[230] Este diploma pode ser consultado em: https://eur-lex.europa.eu/legal-content/EN/TXT/?uri=CELEX%3A32022L2464 (último acesso em 29 de setembro de 2023).

[231] Cf. Diretiva 2013/34/UE do Parlamento Europeu e do Conselho de 26 de junho de 2013 relativa às demonstrações financeiras anuais, às demonstrações financeiras consolidadas e aos relatórios conexos de certas formas de empresas, na sua versão atual («Diretiva Contabilística»). Este diploma pode ser consultado em: https://eur-lex.europa.eu/legal-content/EN/TXT/?uri=CELEX%3A02013L0034-20230105 (último acesso em 29 de setembro de 2023).

[232] Cf. Diretiva 2014/95/UE do Parlamento Europeu e do Conselho de 22 de outubro de 2014, no que se refere à divulgação de informações não financeiras e de informações sobre a diversidade por parte de certas grandes empresas e grupos («Diretiva Informação Não Financeira»).

[233] Cf. Comissão Europeia, *Proposta de Diretiva do Parlamento Europeu e do Conselho que altera a Diretiva 2013/34/UE, a Diretiva 2004/109/CE, a Diretiva 2006/43/CE e o Regulamento (UE) n.º 537/2014, no que respeita à comunicação de informações sobre a sustentabilidade das empresas*, (2021), 5.

[234] Cf. considerando 8 da CSRD.

relato de sustentabilidade[235-236]. Além disso, deverão elaborar o relato de sustentabilidade a nível do grupo todas as empresas que sejam empresas-mãe de grandes grupos (cf. artigo 1.º, n.ºs 1, 4 e 7, da CSRD que alteram os artigos 1.º, 19.º-A e 29.º-A, da Diretiva Contabilística). As novas categorias de empresas que passam a ser obrigadas a publicar o relato de sustentabilidade previsto na CSRD, terão igualmente de divulgar as informações adicionais exigidas nos termos do artigo 8.º, do Regulamento da Taxonomia (cf. artigo 8.º, do Regulamento da Taxonomia e artigos 19.º-A e 29.º-A, da Diretiva Contabilística).

Existem, contudo, aspetos adicionais que devem ser considerados na utilização da tecnologia *blockchain* para a distribuição em mercado primário de valores mobiliários sob a forma de criptoativos e para a sua negociação e liquidação em mercado secundário baseado em tecnologia *blockchain*.

Para o efeito, cabe ressaltar que a crescente procura por criptoativos e a aceleração da adoção de soluções baseadas em *blockchain* evidenciaram uma questão crítica: o crescente consumo de energia da tecnologia *blockchain* e o seu impacto no nosso clima[237].

O consumo energético associado a *blockchains* está relacionado com os mecanismos ou protocolos utilizados para alcançar o consenso entre os nós da rede. Os protocolos de consenso variam de acordo com os modelos de funcionamento das *blockchains*[238] (*permissionless* e *permissioned*) e apresentam desempenhos diferentes em matéria do seu consumo de energia[239]. Esta ideia começa a ser central, dada a necessidade

[235] De acordo com o considerando 21 da CSRD: «[t]endo em conta a importância crescente dos riscos relacionados com a sustentabilidade e tendo em conta que as pequenas e médias empresas cujos valores mobiliários estão admitidos à negociação num mercado regulamentado na União representam uma parte significativa de todas as empresas cujos valores mobiliários estão admitidos à negociação num mercado regulamentado na União, a fim de assegurar a proteção dos investidores, é conveniente exigir que as pequenas e médias empresas, com exceção das microempresas, (...) também divulguem informações sobre questões de sustentabilidade».

[236] Cf. artigos 1.º e 2.º, n.º 1, alíneas b), e), i) e j), 4.º, 6.º, 8.º e 9.º do Regulamento SFDR.

[237] Cf. Crypto Climate Accord, *Make Crypto Green*, (2021).

[238] Cf. o Ponto 1.1.2. *supra*.

[239] Certos autores distinguem três principais classes de protocolos de consenso no contexto da tecnologia *blockchain* (no âmbito das quais existem diversas variações):
Proof-of-X (PoX) consensus: relativamente aos protocolos desta classe, o X simboliza o recurso que um nó da rede está a consumir ou a alocar para obter o direito a propor e validar transações.

de utilização racional da energia, associada à subida dos preços a que temos vindo a assistir[240].

Em particular, as *blockchains* que utilizam protocolos de consenso *proof-of-work*, que implicam um elevado dispêndio de energia por exigirem um grande esforço computacional, como por exemplo a *blockchain* Bitcoin[241], têm um impacto ambiental significativamente

Aqui incluem-se, nomeadamente, os protocolos *proof-of-work*, utilizado pela Bitcoin (em que o X significa 'recursos computacionais'), o *proof-of stake*, utilizado pela Peercoin (em que o X significa uma 'participação no sistema') e *proof-of-capacity*, utilizado pela Permacoin (em que o X significa 'capacidade de armazenamento'). Note-se que estes protocolos de consenso são utilizados por *permissionless blockchains*.
Byzantine Fault Tolerant (BFT) consensus: os protocolos desta classe baseiam-se em procedimentos eleitorais ou de votação em que os nós da rede são chamados a aceitar ou rejeitar uma visão específica do estado da rede. Os protocolos BFT funcionam geralmente em sistemas com um número limitado de participantes, uma vez que de acordo com estes protocolos a proposta de consenso e a decisão de consenso representam dois eventos distintos exigindo que os diferentes participantes do sistema comuniquem uns com os outros. De facto, a complexidade da comunicação representa a maior desvantagem desta classe de protocolos de consenso. Note-se que estes protocolos de consenso são utilizados por *permissioned blockchains*.
Hybrid consensus: nesta classe inserem-se os protocolos híbridos que combinam aspetos das duas classes anteriores. As recentes implementações de protocolos de consenso propostas por novas plataformas *blockchain* consistem em combinações criativas de protocolos PoX e BFT – cf. EU Blockchain Observatory and Forum, *Energy Efficiency of Blockchain Technologies*, (2021), 7–10.

[240] Para um estudo rigoroso sobre a eficiência energética de *blockchains*, e, em particular, de diversos protocolos de consenso de *permissioned* e *permissionless blockchains* cf. EU Blockchain Observatory and Forum, *Energy Efficiency of Blockchain Technologies*, (2021). Para um estudo sobre o impacto ambiental resultante de mecanismos de consenso utilizados nos criptoativos reenvia-se para Itai Agur/ Jose Deodoro/ Xavier Lavayssière/ Soledad Martinez Peria/ Damiano Sandri/ Hervé Tourpe/ Germán Villegas Bauer, *Digital Currencies and Energy Consumption*, Fintech Notes, Vol. 2022, Issue 6, (2022), 6-11 e para OCDE, *Environmental impact of digital assets: Crypto-asset mining and DLT consensus mechanisms*, (2022). Ainda, quanto aos principais fatores identificados como responsáveis pelo elevado consumo de energia e pelas emissões de CO_2 nos criptoativos, nomeadamente, os mecanismos de consenso *proof-of-work*, a redundância nas operações e no tráfego da rede, os dispositivos de «mineração» e as fontes de energia utilizados, e sobre as soluções recomendadas para resolver os problemas identificados, reenvia-se para Varun Kohli/ Sombuddha Chakravarty/ Vinay Chamola/ Kuldip Singh Sangwa/ Sherali Zeadally, *An analysis of energy consumption and carbon footprints of cryptocurrencies and possible solutions*, em Digital Communications and Networks, Vol. 9, Issue 1, (2023), 79-89.

[241] Cf. *Cambridge Bitcoin Electricity Consumption Index* (CBECI), que fornece uma estimativa mais recente do consumo total de energia da rede Bitcoin e da emissão de gases com efeito de estufa, disponível em: https://ccaf.io/cbeci/index (último acesso em 29 de setembro de 2023). Sublinha-se ainda o seguinte entendimento: «It is essential to distinguish between electricity consumption and environmental footprint. The first concerns the total amount of electricity used by the Bitcoin

maior quando comparado com o impacto ambiental de outros protocolos de consenso, como os protocolos *proof-of-stake* e *proof-of-authority*[242].

Entendemos afigurar-se extremamente importante a utilização de energia proveniente de fontes de energia renováveis para a manutenção dos registos distribuídos, sendo também urgente assegurar que *blockchains* com protocolos de consenso *proof-of-work* transitem para mecanismos de consenso mais sustentáveis do ponto de vista ambiental.

Além disso, ao existirem protocolos de consenso que são mais eficientes no que respeita ao consumo energético, estes deverão ser privilegiados na criação de *blockchains* novas e na substituição em *blockchains* existentes. Neste contexto, destaca-se a Ethereum (*permissionless blockchain*) que avançou de um mecanismo de consenso *proof-of-work* para um mecanismo de consenso *proof-of-stake*[243] e a Energy Web Chain (*permissioned blockchain*), lançada em meados de 2019, que afirma ser a primeira *blockchain* empresarial de fonte aberta (*open-source*), adaptada ao setor da energia, baseada num mecanismo de consenso *proof-of-authority*[244].

A este propósito, na regulação dos mercados de criptoativos através do Regulamento MiCA, o legislador europeu incumbiu a ESMA, em cooperação com a EBA, de elaborar projetos de normas técnicas de regulamentação que especifiquem com maior pormenor o conteúdo, as metodologias e a apresentação das informação relacionada com os indicadores de sustentabilidade no que diz respeito aos principais

mining process. The latter concerns the environmental implications of Bitcoin mining. What ultimately matters for the environment is not the level of electricity consumption per se, **but the carbon intensity of the energy sources** used to generate that electricity. For instance, one kilowatt-hour (kWh) of electricity generated by a coal-fired power station has a substantially worse environmental footprint than one kWh of electricity produced by a wind farm. As a result, rising (or falling) power demand does not automatically lead to a proportional increase (or decrease) in carbon dioxide and other greenhouse gas emissions», – cf. Cambridge Centre for Alternative Finance, *What is the link between electricity consumption and carbon emissions?*, em FAQ Power Consumption, disponível em: https://ccaf.io/cbeci/faq (último acesso em 29 de setembro de 2023).

[242] Cf. EU Blockchain Observatory and Forum, *Energy Efficiency of Blockchain Technologies*, (2021), 46.

[243] Cf. Ethereum, *Proof-of-Stake (POS)*, (2023).

[244] Cf. informações disponibilizadas em: https://www.energyweb.org/ (último acesso em 28 de setembro de 2023).

impactos negativos no clima e outros impactos negativos relacionados com o ambiente do mecanismo de consenso utilizado para emitir o criptoativo[245]. No âmbito do regime-piloto DLT, o legislador europeu alertou para a importância do incentivo ao desenvolvimento de tecnologias DLT com baixas emissões ou com emissões nulas de gases com efeito de estufa. Adicionalmente, evidenciou a circunstância de o funcionamento de uma infraestrutura de mercado DLT não dever prejudicar as políticas climáticas dos Estados-Membros da União Europeia[246].

Deve-se ainda mencionar que os criptoativos apresentam potencial para serem utilizados como instrumentos de prossecução de objetivos sustentáveis. A este respeito, também no âmbito da nova estratégia de Financiamento Sustentável, evidencia-se o Regulamento (UE) 2023/2631 do Parlamento Europeu e do Conselho, de 22 de novembro de 2023, relativo às Obrigações Verdes Europeias e à divulgação opcional de informação relativamente a obrigações comercializadas como sustentáveis do ponto de vista ambiental e a obrigações ligadas à sustentabilidade[247], que visa, desde logo, contribuir para a redução do risco de *greenwashing*[248] e para fomentar o investimento em projetos ecológicos alinhados pela Taxonomia da União Europeia. Pode ser interessante o aproveitamento da tecnologia *blockchain* e das vantagens

[245] Adicionalmente, o legislador europeu estabeleceu que: «[a]*o elaborar os projetos de normas técnicas de regulamentação, a ESMA deverá ter em conta os vários tipos de mecanismos de consenso utilizados para a validação das transações de criptoativos, as suas características e as diferenças entre eles. A ESMA deverá também ter em conta os requisitos de divulgação existentes, assegurar a complementaridade e a coerência, evitando aumentar os encargos para as sociedades.*» (sublinhado nosso) – cf. considerando 7 do Regulamento MiCA. Cf., adicionalmente, artigos 6.º, n.º 12, 19.º n.º 11, 51.º, n.º 15 e 66.º, n.º 6, todos do Regulamento MiCA.

[246] Cf. considerando 61 do Regulamento DLT.

[247] Este diploma europeu pode ser consultado em: https://eur-lex.europa.eu/legal-content/PT/TXT/?uri=CELEX:32023R2631&qid=1703989993463 (último acesso em 31 de dezembro de 2023).

[248] Embora não exista ainda uma definição harmonizada a nível europeu sobre o conceito de *greenwashing*, para efeitos do Regulamento da Taxonomia este termo designa a prática de obtenção de uma vantagem concorrencial desleal ao comercializar um produto financeiro como sendo ecológico, quando, na realidade, os padrões ambientais básicos não se encontram cumpridos (cf. considerando 11 do Regulamento da Taxonomia).

que a mesma proporciona, em combinação com a utilização de *smart contracts*, para emitir obrigações verdes europeias sob a forma de criptoativos. O mesmo se aplica a outros produtos financeiros que poderão ser emitidos sob a forma de criptoativos visando investimentos sustentáveis quer seja do ponto de vista ambiental (como seja a contribuição para a redução do impacto de plástico no ambiente), social (como seja a contribuição para assegurar o acesso a cuidados de saúde e/ou à habitação a preços acessíveis) ou de governo societário (como seja a contribuição para a reorganização do modelo de governação para o cumprimento de objetivos de longo prazo).

Adicionalmente, os fatores de sustentabilidade devem ser integrados não apenas em criptoativos de investimento, mas também em criptoativos com outras finalidades[249], *i.e.*, devendo tal integração ser transversal a toda a indústria dos criptoativos.

Não é apenas a indústria dos criptoativos que é alimentada por eletricidade. Também a indústria da computação em nuvem, do armazenamento e processamento de dados, das redes sociais e da inteligência artificial contribuem para o aumento do consumo energético a nível global[250]. Nessa medida, chama-se a atenção para a importância de deverem ser sempre respeitados os objetivos de sustentabilidade ambiental, não só em relação à utilização da tecnologia *blockchain*, como de quaisquer outras tecnologias atuais e/ou futuras[251].

Por fim, enquanto a inovação e as tecnologias digitais podem ajudar a atingir os objetivos de sustentabilidade[252], o seu impacto nos fatores

[249] A propósito de uma categorização de criptoativos atendendo a finalidades que podem assumir, reenvia-se para o Ponto 1.3.3. *supra*.

[250] Cf. EU Blockchain Observatory and Forum, *Energy Efficiency of Blockchain Technologies*, (2021), 42.

[251] Sobre a utilização benéfica de DLT no âmbito da promoção de finanças sustentáveis e transição climática, cf. OCDE, *Environmental impact of digital assets: Crypto-asset mining and DLT consensus mechanisms*, (2022), 26-27.

[252] A este propósito cf. Objetivos de Desenvolvimento Sustentável (ODS), acesso disponível em: https://globalcompact.pt/index.php/pt/agenda-2030 (último acesso em 28 de setembro de 2023). Os 17 ODS e a Agenda 2030, adotados por todos os Estados-Membros das Nações Unidas em 2015, definem as prioridades e aspirações do desenvolvimento sustentável global para 2030 em áreas que afetam a qualidade de vida de todos os cidadãos do mundo, com vista a mobilizar esforços globais à volta de um conjunto de objetivos e metas comuns.

de sustentabilidade ainda não se encontra tratado na regulação atual. Se nada for feito, e de acordo com as previsões atuais, o crescimento do consumo energético e o seu impacto ambiental alcançará proporções consideráveis. Em particular, quanto ao impacto da "mineração" de Bitcoin, estima-se que o mesmo venha a atingir um consumo energético equiparado com o da Itália e da Arábia Saudita combinadas até 2024[253].

Atualmente, várias indústrias, um pouco por todo o mundo, estão a começar a descarbonizar ou a tentar tornar neutras as suas operações, a fim de facilitar o seu crescimento sustentável. A indústria dos criptoativos não é exceção. A esse respeito, em abril de 2021, surgiu o *Crypto Climate Accord* («CCA»). O CCA, inspirado pelo Acordo de Paris, é uma iniciativa liderada pelo setor privado para toda a comunidade *crypto*, centrada na descarbonização da indústria dos criptoativos e da *blockchain* em tempo recorde[254]. O objetivo principal do CCA consiste na descarbonização da indústria global dos criptoativos, com enfoque particular na gestão climática e no apoio à transição integral desta indústria rumo a zero emissões líquidas com gases de efeito de estufa até 2040. Adicionalmente, este acordo estabelece dois objetivos intermédios específicos: atingir a neutralidade de emissões líquidas decorrentes do consumo de eletricidade até 2030 para os Signatários do CCA e desenvolver normas, ferramentas e tecnologias em colaboração com os Apoiantes do CCA, com o propósito de acelerar a adoção e monitorizar o progresso em direção a *blockchains* impulsionadas exclusivamente por energia renováveis até 2025. Os Signatários do CCA são os participantes nos mercados de criptoativos que assumem um compromisso público e se comprometem a atingir os objetivos delineados no CCA, pautando-se pelas melhores práticas da indústria. Por sua vez, os Apoiantes do CCA são empresas e indivíduos de diversos setores da economia que, apesar de não assumirem o compromisso público

[253] Cf. ESMA, *Report on Trends, Risks and Vulnerabilities*, No. 2 (2021), 5.

[254] Cf. a informação disponível em: https://cryptoclimate.org/ (último acesso em 28 de setembro de 2023). Ainda sobre a descarbonização de *blockchains* reenvia-se para EU Blockchain Observatory and Forum, *Energy Efficiency of Blockchain Technologies*, (2021), 42-45.

dos Signatários, encontram-se alinhados com os objetivos do acordo e estão envolvidos no aconselhamento e desenvolvimento de soluções de apoio ao CCA[255].

Juntam-se, assim, ao movimento global em que se inserem todos os atores económicos, do setor público e do setor privado, do domínio financeiro e não financeiro, no sentido da adoção de comportamentos e de políticas que permitam contribuir para a redução do impacto das alterações climáticas no nosso planeta. Esta mensagem deveria igualmente ser acautelada na regulação futura sobre criptoativos.

[255] Mais de 200 empresas e indivíduos, em representação de diversos setores, incluindo criptoativos, finanças, tecnologia, organizações não governamentais, energia e clima, aderiram ao CCA na qualidade de Apoiantes, de acordo com a informação disponível em: https://cryptoclimate.org/supporters/ (último acesso em 28 de setembro de 2023).

CAPÍTULO 4
CONSIDERAÇÕES FINAIS

A finalizar, não deixaremos de tecer uma observação conclusiva sobre a necessidade de uma abordagem regulatória transversal no setor financeiro, perpassando, assim, os domínios do mercado de instrumentos financeiros, bancário e segurador.

Uma abordagem regulatória isolada no mercado de instrumentos financeiros poderá sair frustrada. Apesar de existir uma tendencial divisão tripartida na área financeira – mercado de instrumentos financeiros, banca e seguros –, manifesta-se uma afinidade entre os instrumentos financeiros e alguns instrumentos existentes nos domínios bancário e segurador, por exemplo «contratos seguradores e bancários cujo perfil de remuneração é funcionalmente próximo do existente para os instrumentos financeiros *proprio sensu*», «[o que] leva a que sejam qualificados como produtos concorrentes com ou equivalentes aos do mercado de capitais»[256].

Para o efeito, também nos domínios bancário e segurador têm vindo a ser desenvolvidos produtos baseados na utilização da tecnologia *blockchain* e dos *smart contracts* e também aí o enquadramento regulatório atual não está preparado para acolher esta nova realidade, perigando

[256] PAULO CÂMARA, *Manual de Direito dos Valores Mobiliários*, 4ª ed., Almedina: Coimbra (2018), 230-231.

resultar em prejuízo para a segurança jurídica e em restrições para a inovação financeira[257-258].

Subscrevemos, assim, a importância de adotar uma abordagem holística e coerente na regulação destes domínios, com base numa estratégia integrada e interdisciplinar que abarque os mercados, os produtos e a supervisão, garantindo a plena uniformidade dos produtos bancários, de investimento, de seguros e de pensões. No que respeite à proteção oferecida aos investidores, esta deve ser alcançada através de uma regulação e supervisão consistentes e homogéneas[259].

Lado a lado com a evolução tecnológica projetada no setor financeiro, o risco de obsolescência de normas jurídicas acentua-se, pelo que o Direito, de modo a acompanhar esta evolução, deve revelar capacidade de renovação e de adaptação contínua. Para tal, afigura-se essencial que o quadro regulatório não seja influenciado pelo suporte tecnológico utilizado, nomeadamente pela utilização da tecnologia *blockchain*, outra DLT ou outra tecnologia semelhante, com respeito pelo princípio de neutralidade tecnológica.

Finalmente, a regulação de produtos financeiros sob a forma de criptoativos é uma necessidade incontornável no contexto financeiro atual. O seu propósito deve ser o de harmonizar a inovação tecnológica com a proteção dos investidores e da integridade dos mercados financeiros.

[257] Sobre os desafios da utilização de tecnologias no setor bancário cf. Carlos Moura, *FinTech e regulação no mercado bancário*, em António Menezes Cordeiro/ Ana Perestrelo de Oliveira/ Diogo Pereira Duarte (org.), *FinTech: Novos Desafios da tecnologia financeira*, 2ª ed., Almedina: Coimbra (2019), 21-32; Hélder Rosalino, *FinTech e banca digital*, em António Menezes Cordeiro/ Ana Perestrelo de Oliveira/ Diogo Pereira Duarte (org.), *FinTech: Novos Desafios da tecnologia financeira*, 2ª ed., Almedina: Coimbra (2019), 9-15 e Madalena Perestrelo Oliveira, *As recentes tendências da FinTech: disruptivas e colaborativas*, em António Menezes Cordeiro/ Ana Perestrelo de Oliveira/ Diogo Pereira Duarte (org.), *FinTech: Novos Desafios da tecnologia financeira*, 2ª ed., Almedina: Coimbra (2019), 71-81.

[258] Sobre os desafios da utilização de tecnologias no setor segurador cf. Maria de Nazaré Barroso, *FinTech e seguros*, em António Menezes Cordeiro/ Ana Perestrelo de Oliveira/ Diogo Pereira Duarte (org.), *FinTech: Novos Desafios da tecnologia financeira*, 2ª ed., Almedina: Coimbra (2019), 17-20 e Paula Ribeiro Alves, *Os desafios digitais no mercado segurador*, em António Menezes Cordeiro/ Ana Perestrelo de Oliveira/ Diogo Pereira Duarte (org.), *FinTech: Novos Desafios da tecnologia financeira*, 2ª ed., Almedina: Coimbra (2019), 33-69.

[259] Cf. Gabriela Figueiredo Dias, *A União dos Mercados de Capitais: Ainda é possível?*, (2019).

Para alcançar esse objetivo, é imperativo que as autoridades reguladoras colaborem de perto com a indústria dos criptoativos na criação de um quadro regulatório robusto. Tal colaboração certamente conduzirá a um desenvolvimento sustentável e contribuirá para a construção da confiança dos investidores neste novo paradigma financeiro em permanente evolução.

BIBLIOGRAFIA

AGUR, ITAI ET AL., *Digital Currencies and Energy Consumption*, IMF Fintech Notes, Vol. 2022, Issue 6, (2022), acessível em https://www.elibrary.imf.org/view/journals/063/2022/006/063.2022.issue-006-en.xml (último acesso em 29 de setembro de 2023).

ALDASORO, IÑAKI ET AL., *The Drivers of Cyber Risk*, BIS Working Papers No 865, (2020), acessível em:https://www.bis.org/publ/work865.htm (último acesso em 29 de setembro de 2023).

ALVES, HUGO RAMOS, *Smart contracts: entre a tradição e a inovação*, em António Menezes Cordeiro/ Ana Perestrelo de Oliveira/ Diogo Pereira Duarte (org.), *FinTech II: Novos estudos sobre tecnologia financeira*, Almedina: Coimbra (2019).

ALVES, PAULA RIBEIRO, *Os desafios digitais no mercado segurador*, em António Menezes Cordeiro/ Ana Perestrelo de Oliveira/ Diogo Pereira Duarte (org.), *FinTech: Novos Desafios da tecnologia financeira*, 2ª ed., Almedina: Coimbra (2019).

AMORIM, MARGARIDA PACHECO DE., *Relação entre o MiCA e a DMIF II*, EM João Vieira dos Santos/ João Luz Soares/ Martinho Lucas Pires/ Guilherme Maia (coord.), *MiCA – Estudos sobre a Nova Regulação Europeia de Criptoativos*, Almedina: Coimbra (2023).

ANGELIS, STEFANO ET AL., *Blockchain and cybersecurity: a taxonomic approach*, (2019), acessível em: https://www.eublockchainforum.eu/sites/default/files/research-paper/wrks-main_1.pdf (último acesso em 29 de setembro de 2023).

ANTONOPOULOS, ANDREAS, *Mastering the Bitcoin: programming the open blockchain*, 2nd Edition, O'Reilly: California (2017).

ANTUNES, JOSÉ ENGRÁCIA, *A Moeda. Estudo Jurídico e Económico*, Almedina: Coimbra (2021).

ANTUNES, JOSÉ ENGRÁCIA, *Os Instrumentos financeiros*, Almedina: Coimbra (2020).

ANTUNES, SALVADOR, *A nova obrigação de livrete para ofertas públicas de criptoativos que não sejam criptofichas referenciadas a ativos ou criptofichas de moeda eletrónica*, EM João Vieira dos Santos/ João Luz Soares/ Martinho Lucas Pires/ Guilherme Maia (coord.), *MiCA – Estudos sobre a Nova Regulação Europeia de Criptoativos*, Almedina: Coimbra (2023).

Atzori, Marcella, *Blockchain technology and decentralized governance: is the state still necessary?*, em Journal of Governance and Regulation, Vol. 6, Issue 1, (2017), acessível em: https://virtusinterpress.org/BLOCKCHAIN-TECHNOLOGY-AND.html (último acesso em 29 de setembro de 2023).

Bains, Parma, *Blockchain Consensus Mechanisms: A Primer for Supervisors*, (2022), acessível em: https://www.imf.org/en/Publications/fintech-notes/Issues/2022/01/25/Blockchain-Consensus-Mechanisms-511769 (último acesso em 29 de setembro de 2023).

Bains, Parma et al., *Regulating the Crypto Ecosystem: The Case of Unbacked Crypto Assets*, IMF Fintech Notes, Vol. 2022, Issue 7, (2022), acessível em: https://www.elibrary.imf.org/view/journals/063/2022/007/063.2022.issue-007-en.xml (último acesso em 29 de setembro de 2023).

Barbosa, Mafalda Miranda, *Blockchain e responsabilidade civil: inquietação em torno de uma realidade nova*, em Revista de Direito da Responsabilidade, Ano 1, (2019), acessível em: https://revistadireitoresponsabilidade.pt/categoria/ano-1/ (último acesso em 29 de setembro de 2023).

Barbosa, Mafalda Miranda, *Inteligência artificial e blockchain: desafios para a responsabilidade civil*, em Revista de Direito da Responsabilidade, Ano 1, (2019), acessível em: https://revistadireitoresponsabilidade.pt/categoria/ano-1/ (último acesso em 29 de setembro de 2023).

Barbosa, Mafalda Miranda/ Gonçalves, José Luís Dias, *Instrumentos financeiros. Valores mobiliários. Valores monetários. Derivados de crédito. Produtos de bancassurance*, Almedina: Coimbra (2020).

Barroso, Maria de Nazaré, *FinTech e seguros*, em António Menezes Cordeiro/ Ana Perestrelo de Oliveira/ Diogo Pereira Duarte (org.), *FinTech: Novos Desafios da tecnologia financeira*, 2ª ed., Almedina: Coimbra (2019).

Basel Committee on Banking Supervision, *Prudential treatment of cryptoasset exposures*, (2022), acessível em: https://www.bis.org/bcbs/publ/d545.htm (último acesso em 29 de setembro de 2023).

BCSD PORTUGAL, *Agenda 2030: Objetivos para o Desenvolvimento Sustentável*, (2021), acessível em: https://www.ods.pt/ (último acesso em 29 de setembro de 2023).

Bechtel, Alexander et al., *The Future of Payments in a DLT-Based European Economy: A Roadmap*, em Markus Heckel/ Franz Waldenberge (eds.), *The Future of Financial Systems in the Digital Age Perspectives from Europe and Japan*, Springer: Singapore (2022).

Bento, André Fernandes, *A Responsabilidade Civil na Emissão de Criptofichas Referenciadas a Ativos*, em João Vieira dos Santos/ João Luz Soares/ Martinho Lucas Pires/ Guilherme Maia (coord.), *MiCA – Estudos sobre a Nova Regulação Europeia de Criptoativos*, Almedina: Coimbra (2023).

Bitfury Group/ Garzik, Jeff, *Public versus Private Blockchains Part 1: Permissioned Blockchains White Paper*, (2015), acessível em: https://www.semanticscholar.org/paper/Public-versus-Private-Blockchains-Part-1-%3A/f5c596ada0674449879965c5cc4c347c2b2b3180 (último acesso em 29 de setembro de 2023).

Bobek, Michal, *Processo C-16/16, Reino da Bélgica contra Comissão Europeia*, Bélgica, (2018), acessível em: https://curia.europa.eu/juris/liste.jsf?num=C-16/16 (último acesso em 29 de setembro de 2023).

Brown, Richard, *Corda Top Ten Facts #7*, (2018), acessível em: https://medium.com/corda/corda-top-ten-facts-7-both-a-blockchain-and-not-a-blockchain-9d8104db056c (último acesso em 29 de setembro de 2023).

Câmara, Paulo, *The Systemic Interaction Between Corporate Governance and ESG*, em Paulo Câmara/ Filipe Morais (eds.), *The Palgrave Handbook of ESG and Corporate Governance*, Springer Nature: Switzerland (2022).

Câmara, Paulo, *Manual de Direito dos Valores Mobiliários*, 4ª ed., Almedina: Coimbra (2018).

Cambridge Centre for Alternative Finance, *What is the link between electricity consumption and carbon emissions?*, em FAQ Power Consumption, acessível em: https://ccaf.io/cbeci/faq (último acesso em 29 de setembro de 2023).

Campino, José/ Brochado, Ana/ Rosa, Álvaro, *Initial coin offerings (ICOs): Why do they succeed?*, em Finance Innovation 8, no. 17, (2022), acessível em: https://jfin-swufe.springeropen.com/articles/10.1186/s40854-021-00317-2 (último acesso em 29 de setembro de 2023).

Cannarsa, Michel, *Contract Interpretation*, em Larry A. Dimatteo/ Michel Cannarsa/ Cristina Poncibò (eds.), *The Cambridge Handbook of Smart Contracts, Blockchain Technology and Digital Platforms*, Cambridge University Press: Cambridge (2020).

Carracho, José Miguel/ Dias, João Ramalho, *MiCA's SCOPE: Exclusion of Crypto--Assets qualified as Financial Instruments under the Existing EU Legal Framework*, em João Vieira dos Santos/ João Luz Soares/ Martinho Lucas Pires/ Guilherme Maia (coord.), *MiCA – Estudos sobre a Nova Regulação Europeia de Criptoativos*, Almedina: Coimbra (2023).

Castro, Carlos Osório de, *Valores Mobiliários, Conceito e Espécies*, 2ª ed., Castro e Silva: Lisboa, (1998).

Casarrubea, Salvatore, *Il ruolo del white paper sulle offerte al pubblico di cripto-attività alla luce della proposta MiCA*, em Rivista Orizzonti del Diritto Commerciale, Fascicolo 1, (2022).

Catarino, Luís Guilherme, *Inovação financeira e icos: mercados privados alternativos?*, em CEDIPRE online, n.º 36, (2019), acessível em: https://cedipre.fd.uc.pt/cedipre-online/ (último acesso em 29 de setembro de 2023).

CMVM, *Comunicado da CMVM às entidades envolvidas no lançamento de "Initial Coin Offerings" (ICOs) relativo à qualificação jurídica dos tokens*, (2018), acessível em: https://www.cmvm.pt/PInstitucional/Content?Input=D4880FCA1283C539BB611E5636BC5B67274E7A2A56260030506B2932EB63D3CB (último acesso em 29 de setembro de 2023).

CMVM, *Glossário de termos relativos a Instrumentos Financeiros*, acessível em: https://investidor.cmvm.pt/PInvestidor/Content?Input=7EBBD1FCAA7135CF0B082181F4B3D06E788E93E50A531BD0A8E217EBC0BC94DB (último acesso em 29 de setembro de 2023).

Coelho, Diogo Pereira, *Da construção da definição legal de criptoativo prevista no MiCA, incluindo das subcategorias legais: brevíssimo resumo*, em João Vieira dos Santos/ João Luz Soares/ Martinho Lucas Pires/ Guilherme Maia (coord.), *MiCA – Estudos sobre a Nova Regulação Europeia de Criptoativos*, Almedina: Coimbra (2023).

Coelho, Diogo Pereira/ Figueiredo, Alberto José, *Da relação entre o MiCA e o MAR: brevíssima introdução*, em João Vieira dos Santos/ João Luz Soares/ Martinho Lucas Pires/ Guilherme Maia (coord.), *MiCA – Estudos sobre a Nova Regulação Europeia de Criptoativos*, Almedina: Coimbra (2023).

Comissão dos Assuntos Económicos e Monetários, *Relatório sobre a proposta de regulamento do Parlamento Europeu do Conselho relativo a um regime-piloto para as infraestruturas de mercado baseadas na tecnologia de registo distribuído*, (2021), acessível em: https://www.europarl.europa.eu/doceo/document/A-9-2021-0240_PT.html (último acesso em 29 de setembro de 2023).

Comissão dos assuntos económicos e monetários, *Projeto de Relatório sobre a proposta de Regulamento do Parlamento Europeu e do Conselho relativo aos mercados de criptoativos e que altera a Diretiva (UE) 2019/1937*, (2021), acessível em: https://www.europarl.europa.eu/doceo/document/ECON-PR-663215_PT.html (último acesso em 29 de setembro de 2023).

Comissão Europeia, *Commission Staff Working Document Impact Assessment Accompanying the document Proposal for a Regulation of the European Parliament and of the Council on a pilot regime for market infrastructures based on distributed ledger technology*, (2020), acessível em: https://eur-lex.europa.eu/legal-content/EN/TXT/?uri=CELEX%3A52020SC0201 (último acesso em 29 de setembro de 2023).

Comissão Europeia, *Commission Staff Working Document Impact Assessment Accompanying the document Proposal for a Regulation of the European Parliament and of the Council on Markets in Crypto-assets and amending Directive (EU) 2019/1937*, (2020), acessível em: https://eur-lex.europa.eu/legal-content/EN/TXT/?uri=CELEX:52020SC0380 (último acesso em 29 de setembro de 2023).

Comissão Europeia, *Communication, Digital finance package*, (2020), acessível em: https://ec.europa.eu/info/publications/200924-digital-finance-proposals_en (último acesso em 29 de setembro de 2023).

Comissão Europeia, *Comunicação da Comissão ao Parlamento Europeu, ao Conselho, ao Banco Central Europeu, ao Comité Económico e Social Europeu e ao Comité das Regiões Plano de Ação para a Tecnologia Financeira: rumo a um setor financeiro europeu mais competitivo e inovador,* (2018), acessível em: https://eur-lex.europa.eu/legal-content/PT/TXT/?uri=CELEX%3A52018DC0109 (último acesso em 29 de setembro de 2023).

Comissão Europeia, *Consultation Document on an EU framework for markets in crypto-asset,* (2019), acessível em: https://commission.europa.eu/documents_en?f%5B0%5D=document_title%3AEU%20framework%20for%20markets%20in%20crypto-asset (último acesso em 29 de setembro de 2023).

Comissão Europeia, *Proposta de Diretiva do Parlamento Europeu e do Conselho, que altera as Diretivas 2006/43/CE, 2009/65/CE, 2009/138/UE, 2011/61/UE, UE/2013/36, 2014/65/UE, (UE) 2015/2366 e UE/2016/2341,* (2020), acessível em: https://eur-lex.europa.eu/legal-content/EN/TXT/?uri=CELEX%3A52020PC0596 (último acesso em 29 de setembro de 2023).

Comissão Europeia, *Proposta de Diretiva do Parlamento Europeu e do Conselho que altera a Diretiva 2013/34/UE, a Diretiva 2004/109/CE, a Diretiva 2006/43/CE e o Regulamento (UE) n.º 537/2014, no que respeita à comunicação de informações sobre a sustentabilidade das empresas,* (2021), acessível em: https://eur-lex.europa.eu/legal-content/PT/TXT/PDF/?uri=CELEX:52021PC0189&from=FR (último acesso em 29 de setembro de 2023).

Cordeiro, A. Barreto Menezes, *Manual de Direito dos Valores Mobiliários,* 2ª ed., Almedina: Coimbra (2018).

Cordeiro, A. Barreto Menezes, *Revisitando o conceito de valor mobiliário: o caso especial dos tokens emitidos no âmbito de ICOs,* em A. Barreto Menezes Cordeiro/ Francisco Satiro (coord.), *Direito dos valores mobiliários e dos mercados de instrumentos financeiros, Angola, Brasil e Portugal,* Almedina: Coimbra (2019).

Correia, Francisco Mendes, *A tecnologia descentralizada de registo de dados (blockchain) no setor financeiro,* em António Menezes Cordeiro/ Ana Perestrelo de Oliveira/ Diogo Pereira Duarte (org.), *FinTech: Novos Desafios da tecnologia financeira,* 2ª ed., Almedina: Coimbra (2019).

Crypto Climate Accord, *Make Crypto Green,* (2021), acessível em: https://cryptoclimate.org/. (último acesso em 29 de setembro de 2023).

Dabrowski, Marek/ Janikowski, Lukasz, *Virtual currencies and central banks monetary policy: challenges ahead,* (2018), acessível em: https://www.europarl.europa.eu/thinktank/en/document/IPOL_IDA(2018)619009 (último acesso em 29 de setembro de 2023).

De Filippi, Primavera/ Wray, Chris/ Sileno, Giovanni, *Smart Contracts,* em Internet Policy Review Journal on Internet Regulation, Vol. 10, Issue 2, (2021), acessível em: https://policyreview.info/glossary/smart-contracts (último acesso em 29 de setembro de 2023).

Dias, Gabriela Figueiredo, *A União dos Mercados de Capitais: Ainda é possível?*, (2019), acessível em: https://www.cmvm.pt/PInstitucional/Content?Input=2B540CD42947BDE443B3014B5553BB79E8CA40E5302FD6833651D26347E8FC30B17ED8EDF602F1581AEE9B8166E4D17D (último acesso em 29 de setembro de 2023).

Dimatteo, Larry a./ Cannarsa, Michel/ Poncibò, Cristina, *Smart Contracts and Contract Law*, em Larry a. Dimatteo/ Michel Cannarsa/ Cristina Poncibò (eds.), *The Cambridge Handbook of Smart Contracts, Blockchain Technology and Digital Platforms*, Cambridge University Press: Cambridge (2020).

Duarte, Diogo Pereira, *"Smart Contracts" e intermediação financeira*, em António Menezes Cordeiro/ Ana Perestrelo de Oliveira/ Diogo Pereira Duarte (org.), *FinTech II: Novos estudos sobre tecnologia financeira*, Almedina: Coimbra (2019).

Duarte, Diogo Pereira, *Financiamento colaborativo de capital (equity-crowdfunding)*, em António Menezes Cordeiro/ Ana Perestrelo de Oliveira/ Diogo Pereira Duarte (org.), *FinTech: Novos Desafios da tecnologia financeira*, 2ª ed., Almedina: Coimbra (2019).

Duarte, Diogo Pereira/ Andrade, João Freire de, *Breves notas sobre o financiamento de start-ups e a sua regulação*, em António Menezes Cordeiro/ Ana Perestrelo de Oliveira/ Diogo Pereira Duarte (org.), *FinTech II: Novos estudos sobre tecnologia financeira*, Almedina: Coimbra (2019).

Duarte, Diogo Pereira/ Guseinov, Alexandra, *O direito de portabilidade de dados pessoais*, em António Menezes Cordeiro/ Ana Perestrelo de Oliveira/ Diogo Pereira Duarte (org.), *FinTech II: Novos estudos sobre tecnologia financeira*, Almedina: Coimbra (2019).

Duarte, Paulo, *As criptomoedas no Regulamento MiCA*, em João Vieira dos Santos/ João Luz Soares/ Martinho Lucas Pires/ Guilherme Maia (coord.), *MiCA – Estudos sobre a Nova Regulação Europeia de Criptoativos*, Almedina: Coimbra (2023).

EBA, *Report with advice for the European Commission on crypto-assets*, (2019), acessível em: https://www.eba.europa.eu/eba-reports-on-crypto-assets (último acesso em 29 de setembro de 2023).

EIOPA, *Discussion Paper on Blockchain and Smart Contracts in Insurance*, (2021), acessível em: https://www.eiopa.europa.eu/discussion-paper-blockchain-and-smart-contracts-insurance-eiopa-invites-comments-2021-04-29_en (último acesso em 29 de setembro de 2023).

ESMA, *Advice on Initial Coin Offerings and Crypto-Assets*, (2019), acessível em: https://www.esma.europa.eu/document/advice-initial-coin-offerings-and-crypto-assets (último acesso em 29 de setembro de 2023).

ESMA, *Annex 1 – Legal qualification of crypto-assets – survey to NCAs*, (2019), acessível em: https://www.esma.europa.eu/document/annex-legal-qualification-crypto-assets-%E2%80%93-survey-ncas (último acesso em 29 de setembro de 2023).

ESMA, *Annual Work Programme 2024*, (2023), acessível em: https://www.esma.europa.eu/document/2024-annual-work-programme (último acesso em 31 de dezembro de 2023).

ESMA, *Final Report Guidelines on standard templates, forms and formats to apply for permission to operate a DLT market infrastructure*, (2022), acessível em: https://www.esma.europa.eu/document/final-report-dltr-gl-application-permission (último acesso em 29 de setembro de 2023).

ESMA, *Orientações sobre formulários normalizados, modelos e minutas de pedido de autorização para operar uma infraestrutura de mercado DLT*, (2023), acessível em: https://www.esma.europa.eu/document/guidelines-standard-forms-formats-and-templates-apply-permission-operate-dlt-market (último acesso em 29 de setembro de 2023).

ESMA, *Questions and Answers on the European crowdfunding service providers for business Regulation*, (2023), acessível em: https://www.esma.europa.eu/document/qa-european-crowdfunding-service-providers-business-regulation (último acesso em 29 de setembro de 2023).

ESMA, *Questions and Answers on the implementation of Regulation (EU) 2022/858 of the European Parliament and of the Council of 30 May 2022 on a pilot regime for market infrastructures based on distributed ledger technology*, (2023), acessível em: https://www.esma.europa.eu/document/qas-dlt-pilot-regulation (último acesso em 29 de setembro de 2023).

ESMA, *Report on Distributed Ledger Technology Applied to Securities Markets*, (2017), acessível em: https://www.esma.europa.eu/document/report-distributed-ledger-technology-applied-securities-markets (último acesso em 29 de setembro de 2023).

ESMA, *Report on DLT Pilot Regime*, (2022), acessível em: https://www.esma.europa.eu/document/report-dlt-pilot-regime (último acesso em 29 de setembro de 2023).

ESMA, *Report on Licensing of FinTech business models*, (2019), acessível em: https://www.esma.europa.eu/document/report-licensing-fintech-business-models (último acesso em 29 de setembro de 2023).

ESMA, *Report on Trends, Risks and Vulnerabilities*, No. 2, (2021), acessível em: https://www.esma.europa.eu/sites/default/files/library/esma50-165-1842_trv2-2021.pdf (último acesso em 29 de setembro de 2023).

ESMA, *TVR Risk Analysis Crypto-assets and their risks for financial stability*, (2022), acessível em: https://www.esma.europa.eu/sites/default/files/library/esma50-165-2251_crypto_assets_and_financial_stability.pdf (último acesso em 29 de setembro de 2023).

ESMA, *Use of FinTech by CSDs*, (2021), acessível em: https://www.esma.europa.eu/document/report-ec-use-fintech-csds (último acesso em 29 de setembro de 2023).

ESRB, *Crypto-assets and decentralised finance*, (2023), acessível em: https://www.esrb.europa.eu/news/pr/date/2023/html/esrb.pr230525~c74fa66621.en.html (último acesso em 29 de setembro de 2023).

Ethereum, *Proof-of-Stake (POS)*, (2023), acessível em: https://ethereum.org/en/developers/docs/consensus-mechanisms/pos/ (último acesso em 29 de setembro de 2023).

EU Blockchain Observatory and Forum, *Demystifying NFTs workshop*, (2021), acessível em: https://www.eublockchainforum.eu/sites/default/files/reports/Demystifying%20NFTs%20workshop%20report-%20July%202021.pdf (último acesso em 29 de setembro de 2023).

EU Blockchain Observatory and Forum, *Demystifying Non-Fungible Tokens (NFTs)*, (2021), acessível em: https://www.eublockchainforum.eu/reports (último acesso em 29 de setembro de 2023).

EU Blockchain Observatory and Forum, *Energy Efficiency of Blockchain Technologies*, (2021), acessível em: https://www.eublockchainforum.eu/sites/default/files/reports/Energy%20Efficiency%20of%20Blockchain%20Technologies_1.pdf (último acesso em 29 de setembro de 2023).

EU Blockchain Observatory and Forum, *NFT – Legal Token Classification*, (2021), acessível em: https://ssrn.com/abstract=3891872 (último acesso em 29 de setembro de 2023).

EU Blockchain Observatory and Forum, *Smart Contracts*, (2022), acessível em: https://www.eublockchainforum.eu/reports (último acesso em 29 de setembro de 2023).

European Law Institute, *ELI Principles on Blockchain Technology, Smart Contracts and Consumer Protection*, (2022), acessível em: https://europeanlawinstitute.eu/news-events/news-contd/news/european-law-institute-publishes-eli-principles-on-blockchain-technology-smart-contracts-and-consum/?tx_news_pi1%5Bcontroller%5D=News&tx_news_pi1%5Baction%5D=detail&cHash=a1aac5c1e60ac69166169c0ae66963ad (último acesso em 29 de setembro de 2023).

Feiteiro, André/ Vieira, Bruno Ferreira, *As criptofichas de moeda eletrónica e os seus requisitos: considerações quanto à emissão, colocação no mercado e atividade*, em João Vieira dos Santos/ João Luz Soares/ Martinho Lucas Pires/ Guilherme Maia (coord.), *MiCA – Estudos sobre a Nova Regulação Europeia de Criptoativos*, Almedina: Coimbra (2023).

Fernandes, Pedro de Almeida, *Smart Contracts: o Fenómeno, o Direito Privado e o Mercado de Valores Mobiliários*, em Revista de Direito Financeiro e dos Mercado de Capitais, Vol. 4, n.º 14, (2022), acessível em: https://rdfmc.com/artigos/ (último acesso em 29 de setembro de 2023).

Fernández, Verónica/ Martins, Guilherme Ribeiro/ Lança, Catarina Mira, *Requisitos dos emitentes de Criptoativos Referenciados a Ativos (Asset-Referenced Tokens) e processo de autorização*, em João Vieira dos Santos/ João Luz Soares/ Martinho Lucas Pires/ Guilherme Maia (coord.), *MiCA – Estudos sobre a Nova Regulação Europeia de Criptoativos*, Almedina: Coimbra (2023).

Financial Stability Board, *Regulation, Supervision and Oversight of Crypto-Asset Activities and Markets,* (2022), acessível em: https://www.fsb.org/2022/10/regulation-supervision-and-oversight-of-crypto-asset-activities-and-markets-consultative-report/ (último acesso em 29 de setembro de 2023).

GAFI, *Targeted Update on Implementation of the FATF Standards on Virtual Assets/VASPs,* Paris, (2023), acessível em: https://www.fatf-gafi.org/content/fatf-gafi/en/publications/Fatfrecommendations/targeted-update-virtual-assets-vasps-2023.html (último acesso em 29 de setembro de 2023).

GAFI (2012-2023), *International Standards on Combating Money Laundering and the Financing of Terrorism & Proliferation,* Paris, (2023), acessível em: https://www.fatf-gafi.org/publications/fatfrecommendations/documents/fatf-recommendations.html (último acesso em 29 de setembro de 2023).

Gaspar, Inês Bragança, *Livrete do Criptoativo para Criptofichas de Moeda Eletrónica,* em João Vieira dos Santos/ João Luz Soares/ Martinho Lucas Pires/ Guilherme Maia (coord.), *MiCA – Estudos sobre a Nova Regulação Europeia de Criptoativos,* Almedina: Coimbra (2023).

Gatteschi, Valentina/ Lamberti, Fabrizio/ Demartini, Claudio, *Technology of Smart Contracts,* em Larry A. Dimatteo/ Michel Cannarsa/ Cristina Poncibò (eds.), *The Cambridge Handbook of Smart Contracts, Blockchain Technology and Digital Platforms,* Cambridge University Press: Cambridge (2020).

Geraldes, Luís Roquette/ Albuquerque, Mariana Solá de/ Silva, João Lima da, *ICOs: security tokens vs. utility tokens,* em António Menezes Cordeiro/ Ana Perestrelo de Oliveira/ Diogo Pereira Duarte (org.), *FinTech II: Novos estudos sobre tecnologia financeira,* Almedina: Coimbra (2019).

Geraldes, Luís Roquette/ Cardoso, Vera Esteves/ Remetula, Ashick, *Do virtual para o crypto,* em João Vieira dos Santos/ João Luz Soares/ Martinho Lucas Pires/ Guilherme Maia (coord.), *MiCA – Estudos sobre a Nova Regulação Europeia de Criptoativos,* Almedina: Coimbra (2023).

Geraldes, Luís Roquette/ Silva, João Lima da/ Cardoso, Francisca Seara, *P2P lending,* em António Menezes Cordeiro/ Ana Perestrelo de Oliveira/ Diogo Pereira Duarte (org.), *FinTech: Novos Desafios da tecnologia financeira,* 2ª ed., Almedina: Coimbra (2019).

Geroni, Diego, *Blockchain Nodes: An In-Depth Guide, 101 Blockchains,* (2021), acessível em: https://101blockchains.com/blockchain-nodes/ (último acesso em 29 de setembro de 2023).

Gomes, André de Gândara, *O abuso de mercado no MiCA: WAGMI?,* em João Vieira dos Santos/ João Luz Soares/ Martinho Lucas Pires/ Guilherme Maia (coord.), *MiCA – Estudos sobre a Nova Regulação Europeia de Criptoativos,* Almedina: Coimbra (2023).

GUERRA, ANA ISABEL SOUSA MAGALHÃES, *Vicissitudes das plataformas eletrónicas de negociação de criptoativos*, EM João Vieira dos Santos/ João Luz Soares/ Martinho Lucas Pires/ Guilherme Maia (coord.), *MiCA – Estudos sobre a Nova Regulação Europeia de Criptoativos*, Almedina: Coimbra (2023).

HABEN, PIERS/ NOBLE, ELISABETH, *Crypto-Assets: A Test Case for Technological Neutrality*, (2020), acessível em: http://internationalbanker.com/technology/crypto-assets-a-test-case-for-technological-neutrality/ (último acesso em 29 de setembro de 2023).

HACIOGLU, UMIT, *Blockchain Economics and Financial Market Innovation: Financial Innovations in the Digital Age, Contributions to Economics*, Springer Nature: Switzerland (2019).

HACKER, PHILIPP/ THOMALE, CHRIS, *Crypto-Securities Regulation: ICOs, Token Sales and Cryptocurrencies under EU Financial Law*, (2019), acessível em: https://dx.doi.org/10.2139/ssrn.3075820 (último acesso em 29 de setembro de 2023).

HAFFKE, LARS / FROMBERGER, MATHIAS / ZIMMERMANN, PATRICK, *Virtual Currencies and Anti-Money Laundering – The Shortcomings of the 5th AML Directive (EU) and How to Address Them*, em Journal of Banking Regulation, Vol. 21, (2020).

HAO, YUE ET AL., *Performance Analysis of Consensus Algorithm in Private Blockchain*, (2018), acessível em: https://doi.org/10.1109/IVS.2018.8500557 (último acesso em 29 de setembro de 2023).

HAYS, DEMELZA, *Security Token Regulation in Europe in 2021 Part 2*, (2021), acessível em: https://21f.medium.com/security-token-regulation-in-europe-in-2021-part-2-c37df d6ed010 (último acesso em 29 de setembro de 2023).

HILL, JOHN, *Environmental, Social, and Governance (ESG) Investing. A Balanced Analysis of the Theory and Practice of a Sustainable Portfolio*, Academic Press: United Kingdom (2020).

IBM, *Criptografia de Chave Pública*, (2022), acessível em: https://www.ibm.com/docs/pt-br/integration-bus/10.0?topic=overview-public-key-cryptography (último acesso em 29 de setembro de 2023).

INTERNATIONAL ORGANIZATION OF SECURITIES COMMISSION, *IOSCO Crypto--Asset Roadmap for 2022-2023*, (2022), acessível em: https://www.iosco.org/publications/?subsection=public_reports (último acesso em 29 de setembro de 2023).

KINDYLIDI, IAKOVINA, *Implicações do MiCAR para o Direito Português: Proteção do investidor não profissional-consumidor*, EM João Vieira dos Santos/ João Luz Soares/ Martinho Lucas Pires/ Guilherme Maia (coord.), *MiCA – Estudos sobre a Nova Regulação Europeia de Criptoativos*, Almedina: Coimbra (2023).

KOHLI VARUN ET AL., *An analysis of energy consumption and carbon footprints of cryptocurrencies and possible solutions*, em Digital Communications and Networks, Vol. 9, Issue 1, (2023), acessível em: https://www.sciencedirect.com/journal/digital-communications-and-networks/vol/9/issue/1 (último acesso em 29 de setembro de 2023).

LIMA, RODRIGUE DEVILLET/ MIRANDA, CATARINA ANDRADE, *EMTs: Responsabilidade*, EM João Vieira dos Santos/ João Luz Soares/ Martinho Lucas Pires/ Guilherme Maia (coord.), *MiCA – Estudos sobre a Nova Regulação Europeia de Criptoativos*, Almedina: Coimbra (2023).

LTO Network, *Permissionless Private Blockchain*, (2019), acessível em: https://blog.lto-network.com/permissionless-private-blockchains-lto-network/ (último acesso em 29 de setembro de 2023).

LUZ, NUNO LIMA DA/ VIEGAS, RODRIGO GOMES, *Da Autorização de Prestadores de Serviços de Criptoativos no regime do Regulamento relativo aos Mercados de Criptoativos – Breves notas*, EM João Vieira dos Santos/ João Luz Soares/ Martinho Lucas Pires/ Guilherme Maia (coord.), *MiCA – Estudos sobre a Nova Regulação Europeia de Criptoativos*, Almedina: Coimbra (2023).

LYONS, TOM/ COUCERLAS, LUDOVIC, *Blockchain and Cyber Security*, (2020), acessível em: https://www.eublockchainforum.eu/reports (último acesso em 29 de setembro de 2023).

LYONS, TOM/ COURCELAS, LUDOVIC, *Governance of and with blockchains*, (2020), acessível em: https://www.eublockchainforum.eu/reports (último acesso em 29 de setembro de 2023).

MALAQUIAS, PEDRO FERREIRA, *Criptoativos – uma realidade de hoje*, em Actualidad Jurídica Uría Menéndez, n.º 56, (2021), acessível em: https://www.uria.com/pt/revista (último acesso em 29 de setembro de 2023).

MALAQUIAS, PEDRO FERREIRA/ DIAS, LUÍS ALVES, *Smart contracts: alguns contributos teóricos e práticos*, em Actualidad Jurídica Uría Menéndez, n.º 52, (2019), acessível em: https://www.uria.com/pt/revista (último acesso em 29 de setembro de 2023).

MAKAROV, IGOR/ SCHOAR, ANTOINETTE, *Cryptocurrencies and Decentralised Finance (DeFi)*, BIS Working Papers no. 1061, (2022), acessível em: https://www.bis.org/publ/work1061.htm (último acesso em 29 de setembro de 2023).

MARJOSOLA, HEIKKI, *Security Tokens and the Future of EU Securities Law*, em Emilios Avgouleas/ Heikki Marjosola (eds.), *Digital Finance in Europe: Law, Regulation, and Governance ECFR Special Volume 5*, De Gruyter: Berlin, Boston (2022).

MARTINS, ALEXANDRE SOVERAL, *Títulos de crédito e valores mobiliários, Parte II, Valores mobiliários, Volume I, As ações*, Almedina: Coimbra (2018).

MIERS, CHARLES ET AL., *Análise de Mecanismos para Consenso Distribuído Aplicados a Blockchain*, (2019), acessível em: https://www.researchgate.net/publication/338913728_Analise_de_Mecanismos_para_Consenso_Distribuido_Aplicados_a_Blockchain (último acesso em 29 de setembro de 2023).

MIK, ELIZA, *Blockchains A Technology for Decentralized Marketplaces*, em Larry A. Dimatteo/ Michel Cannarsa/ Cristina Poncibò (eds.), *The Cambridge Handbook of Smart Contracts, Blockchain Technology and Digital Platforms*, Cambridge University Press: Cambridge (2020).

Moreira, Tiago Correia/ Chen, Chen, *Livro branco dos ARTs*, em João Vieira dos Santos/ João Luz Soares/ Martinho Lucas Pires/ Guilherme Maia (coord.), *MiCA – Estudos sobre a Nova Regulação Europeia de Criptoativos*, Almedina: Coimbra (2023).

Mota, Joana, *Proteção de dados desde a conceção e por defeito. Avaliação de impacto e segurança*, em António Menezes Cordeiro/ Ana Perestrelo de Oliveira/ Diogo Pereira Duarte (org.), *FinTech II: Novos estudos sobre tecnologia financeira*, Almedina: Coimbra (2019).

Moura, Carlos, *FinTech e regulação no mercado bancário*, em António Menezes Cordeiro/ Ana Perestrelo de Oliveira/ Diogo Pereira Duarte (org.), *FinTech: Novos Desafios da tecnologia financeira*, 2ª ed., Almedina: Coimbra (2019).

NAKAMOTO, SATOSHI, *Bitcoin: A peer-to-peer Electronic Cash System*, (2008), acessível em: https://bitcoin.org/bitcoin.pdf (último acesso em 29 de setembro de 2023).

Neto, Joana, *O combate ao branqueamento de capitais e ao financiamento do terrorismo no novo paradigma Europeu de regulação e supervisão de criptoativos*, em João Vieira dos Santos/ João Luz Soares/ Martinho Lucas Pires/ Guilherme Maia (coord.), *MiCA – Estudos sobre a Nova Regulação Europeia de Criptoativos*, Almedina: Coimbra (2023).

Nobre, José Costa/ Bettencourt, Maria/ Bairros, Rita, *O Regulamento MiCA perante a legislação setorial relativa a serviços de pagamento: a Diretiva dos Serviços de Pagamento e a Diretiva da Moeda Eletrónica*, em João Vieira dos Santos/ João Luz Soares/ Martinho Lucas Pires/ Guilherme Maia (coord.), *MiCA – Estudos sobre a Nova Regulação Europeia de Criptoativos*, Almedina: Coimbra (2023).

OCDE, *Environmental impact of digital assets: Crypto-asset mining and DLT consensus mechanisms*, (2022), acessível em: https://www.oecd.org/publications/environmental-impact-of-digital-assets-8d834684-en.htm (último acesso em 29 de setembro de 2023).

OCDE, *Institutionalisation of crypto-assets and DeFi–TradFi interconnectedness*, (2022), acessível em: https://www.oecd.org/publications/institutionalisation-of-crypto-assets-and-defi-tradfi-interconnectedness-5d9dddbe-en.htm (último acesso em 29 de setembro de 2023).

OCDE, *Regulatory Approaches to the Tokenisation of Assets*, (2021), acessível em: www.oecd.org/finance/Regulatory-Approaches-to-the-Tokenisation-of-Assets.htm (último acesso em 29 de setembro de 2023).

OCDE, *The Tokenisation of Assets and Potential Implications for Financial Markets*, (2020), acessível em: https://www.oecd.org/finance/The-Tokenisation-of-Assets-and-Potential-Implications-for-Financial-Markets.htm (último acesso em 29 de setembro de 2023).

OCDE, *Why Decentralised Finance (DeFi) Matters and the Policy Implications*, (2022), acessível em: https://www.oecd.org/finance/why-decentralised-finance-defi-matters-and-the-policy-implications.htm (último acesso em 29 de setembro de 2023).

Oliveira, Ana Perestrelo, *Direito ao apagamento dos dados ou "direito a ser esquecido"*, em António Menezes Cordeiro/ Ana Perestrelo de Oliveira/ Diogo Pereira Duarte (org.), *FinTech II: Novos estudos sobre tecnologia financeira*, Almedina: Coimbra (2019).

Oliveira, Ana Perestrelo, *O papel das startups na FinTech e o ciclo de financiamento de start-ups*, em António Menezes Cordeiro/ Ana Perestrelo de Oliveira/ Diogo Pereira Duarte (org.), *FinTech: Novos Desafios da tecnologia financeira*, 2ª ed., Almedina: Coimbra (2019).

Oliveira, Madalena Perestrelo de, *As recentes tendências da FinTech: disruptivas e colaborativas*, em António Menezes Cordeiro/ Ana Perestrelo de Oliveira/ Diogo Pereira Duarte (org.), *FinTech: Novos Desafios da tecnologia financeira*, 2ª ed., Almedina: Coimbra (2019).

Oliveira, Madalena Perestrelo de, *Definição de perfis e decisões individuais automatizadas no Regulamento Geral sobre a Proteção de Dados*, em António Menezes Cordeiro/ Ana Perestrelo de Oliveira/ Diogo Pereira Duarte (org.), *FinTech II: Novos estudos sobre tecnologia financeira*, Almedina: Coimbra (2019).

Oliveira, Madalena Perestrelo de/ Boura, Marta, *MiCA e DeFi: onde fica a regulação no caminho da descentralização?*, em João Vieira dos Santos/ João Luz Soares/ Martinho Lucas Pires/ Guilherme Maia (coord.), *MiCA – Estudos sobre a Nova Regulação Europeia de Criptoativos*, Almedina: Coimbra (2023).

Oliveira, Madalena Perestrelo de et al., *Decentralised Autonomous Organisations (DAO): conceito, enquadramento legal e desafios*, em Boletim da Ordem dos Advogados, (2022), acessível em: https://boletim.oa.pt/decentralised-autonomous-organisations-dao-conceito-enquadramento-legal-e-desafios1/ (último acesso em 29 de setembro de 2023).

Oliveira, Madalena Perestrelo de, *Tutela do investidor perante o emitente no mercado de instrumentos financeiros: um modelo dinâmico de proteção*, Almedina: Coimbra (2021).

Pires, Márcia Tomás, *A Transmissão da Titularidade de Criptoativos no Ordenamento Jurídico Português: Aspetos Jurídicos e Implicações Práticas do Regulamento MiCA*, em João Vieira dos Santos/ João Luz Soares/ Martinho Lucas Pires/ Guilherme Maia (coord.), *MiCA – Estudos sobre a Nova Regulação Europeia de Criptoativos*, Almedina: Coimbra (2023).

Pires, Márcia Tomás/ Fortunato, Nicole, *f-NFT: Da Democratização do Acesso ao Vazio Legal*, em João Vieira dos Santos/ João Luz Soares/ Martinho Lucas Pires/ Guilherme Maia (coord.), *MiCA – Estudos sobre a Nova Regulação Europeia de Criptoativos*, Almedina: Coimbra (2023).

Pires, Martinho Lucas, *As obrigações dos emitentes de cripto-fichas referenciadas a ativos: comunicação, tratamento, governo, e fundos próprios*, em João Vieira dos Santos/ João Luz Soares/ Martinho Lucas Pires/ Guilherme Maia (coord.), *MiCA – Estudos sobre a Nova Regulação Europeia de Criptoativos*, Almedina: Coimbra (2023).

Rikken, Olivier et al., *Governance Challenges of Blockchain and Decentralized Autonomous Organizations*, em Information Polity, Vol. 24, Issue 4, (2019), acessível em: https://doi.org/10.3233/IP-190154 (último acesso em 29 de setembro de 2023).

Riis, Thomas et al., *Towards a Legal Methodology of Digitalisation*, em Matthias C. Kettemann/ Alexander Peukert/ Indra Spiecker gen. Döhmann (eds.), *The Law of Global Digitality*, Routledge: London, New York (2022).

Rocha, Francisco Chilão, *Da exclusão dos Non-Fungible Tokens do regulamento MiCA*, em João Vieira dos Santos/ João Luz Soares/ Martinho Lucas Pires/ Guilherme Maia (coord.), *MiCA – Estudos sobre a Nova Regulação Europeia de Criptoativos*, Almedina: Coimbra (2023).

Rolo, António Garcia, *As criptomoedas como meio de financiamento e a qualificação dos tokens de investimento emitidos em ofertas públicas de moeda (ICO) como valores mobiliários*, em António Menezes Cordeiro/ Ana Perestrelo de Oliveira/ Diogo Pereira Duarte (org.), *FinTech II: Novos estudos sobre tecnologia financeira*, Almedina: Coimbra (2019).

Rolo, António Garcia, *Challenges in the legal qualification of decentralised autonomous organisations (DAOS): the rise of the crypto-partnership?*, em Revista de Direito e Tecnologia, Vol. 1, N.º 1, (2019), acessível em: https://blook.pt/publications/publication/168e81e05a8b/ (último acesso em 29 de setembro de 2023).

Rolo, António Garcia, *Criptoativo – Conceito, Modalidades, Regime e Distinção de Figuras Afins*, CIDP research paper no. 18, (2022), acessível em: https://papers.ssrn.com/sol3/papers.cfm?abstract_id=4123583 (último acesso em 29 de setembro de 2023).

Rosalino, Hélder, *FinTech e banca digital*, em António Menezes Cordeiro/ Ana Perestrelo de Oliveira/ Diogo Pereira Duarte (org.), *FinTech: Novos Desafios da tecnologia financeira*, 2ª ed., Almedina: Coimbra (2019).

Santos, João Vieira dos, *Desafios jurídicos e regulatórios das Initial Coin Offerings*, em António Menezes Cordeiro/ Ana Perestrelo de Oliveira/ Diogo Pereira Duarte (org.), *FinTech II: Novos estudos sobre tecnologia financeira*, Almedina: Coimbra (2019).

Santos, João Vieira dos, *O direito de arrependimento nas ofertas públicas de criptoativos*, em João Vieira dos Santos/ João Luz Soares/ Martinho Lucas Pires/ Guilherme Maia (coord.), *MiCA – Estudos sobre a Nova Regulação Europeia de Criptoativos*, Almedina: Coimbra (2023).

Santos, João Vieira dos, *Regulação de Formas de Financiamento Empresarial FinTech: Em especial o Crowdfunding e as Initial Coin Offerings*, Almedina: Coimbra (2022).

Santos, João Vieira dos, *Soft Law e boa governança no mercado das criptomoedas Soft Law and good governance in the cryptocurrencies market*, (2018), acessível em: https://cijc.up.pt/pt/red/edicoes-anteriores/2018-nordm-2/soft-law-e-boa-governanca-no-mercado-das-criptomoedas/ (último acesso em 29 de setembro de 2023).

Santos, Mafalda Ferreira/ Salavessa, Francisco Boavida/ Vieira, Nuno Temudo/ Oliveira, José Eduardo, *Asset Referenced Tokens (ARTs) e Electronic Money Tokens (EMTs): planos de recuperação e planos de reembolso; algumas questões sobre a liquidação de emitentes*, em João Vieira dos Santos/ João Luz Soares/ Martinho Lucas Pires/

Guilherme Maia (coord.), *MiCA – Estudos sobre a Nova Regulação Europeia de Criptoativos,* Almedina: Coimbra (2023).

SCHULLER, ROBERT REINHART, *Criptoactivos: Categorización jurídica de los criptoactivos e introducción a la tecnologia DLT/Blockchain,* em Cuadernos de Derecho Transnacional, Vol. 14, N.º. 2, (2022), acessível em: https://e-revistas.uc3m.es/index.php/CDT/article/view/7203 (último acesso em 29 de setembro de 2023).

SHIRAZI, TINA / LINDEN, VAN DER, *Markets in crypto-assets regulation: Does it provide legal certainty and increase adoption of crypto-assets?,* em Financial Innovation, Vol. 9, no. 22, (2023), acessível em: https://jfin-swufe.springeropen.com/articles/10.1186/s40854-022-00432-8 (último acesso em 29 de setembro de 2023).

SILVA, MIGUEL MONTENEGRO, *ARTs e EMTs: soberania monetária e criptoativos significativos,* EM João Vieira dos Santos/ João Luz Soares/ Martinho Lucas Pires/ Guilherme Maia (coord.), *MiCA – Estudos sobre a Nova Regulação Europeia de Criptoativos,* Almedina: Coimbra (2023).

SILVA, TOMÁS GOMES DA, *Entre a inovação e a proteção: a custódia de criptoativos no MICA,* EM João Vieira dos Santos/ João Luz Soares/ Martinho Lucas Pires/ Guilherme Maia (coord.), *MiCA – Estudos sobre a Nova Regulação Europeia de Criptoativos,* Almedina: Coimbra (2023).

SMSG, *Advice to ESMA, Own Initiative Report on Initial Coin Offerings and Crypto-Assets,* (2018), acessível em: https://www.esma.europa.eu/document/smsg-advice-own-initiative-report-initial-coin-offerings-and-crypto-assets (último acesso em 29 de setembro de 2023).

STARK, JOSH, *Making Sense of Blockchain Smart Contracts,* (2016), acessível em: https://www.coindesk.com/markets/2016/06/04/making-sense-of-blockchain-smart-contracts/ (último acesso em 29 de setembro de 2023).

SZWAJDLER, PAWEL, *Considerations on the Construction of Future Financial Regulations in the Field of Initial Coin Ofering,* em European Business Organization Law Review, Vol. 23, (2022), acessível em: https://link.springer.com/article/10.1007/s40804-021-00225-z (último acesso em 29 de setembro de 2023).

TASCA, PAOLO/ TESSONE, CLAUDIO, *Taxonomy of Blockchain Technologies. Principles of Identification and Classification,* New York, (2018), acessível em: https://doi.org/10.2139/ssrn.2977811 (último acesso em 29 de setembro de 2023).

TEIXEIRA, ANA NUNES, *Novas regras para as aquisições no setor dos criptoativos: as aquisições de emitentes de criptofichas referenciadas a ativos ao abrigo do Regulamento MiCA,* EM João Vieira dos Santos/ João Luz Soares/ Martinho Lucas Pires/ Guilherme Maia (coord.), *MiCA – Estudos sobre a Nova Regulação Europeia de Criptoativos,* Almedina: Coimbra (2023).

VALENTA, MARTIN/ SANDNER, PHILLIP, *Comparison of Ethereum, Hyperledger Fabric and Corda,* (2017), acessível em: https://www.semanticscholar.org/paper/Comparison-of-

Ethereum%2C-Hyperledger-Fabric-and-Valenta-Sandner/9f4f80c8e596b70ec8e232 4f44ede15c48c147b5 (último acesso em 29 de setembro de 2023).

Veil, Rüdiger, *European Capital Markets Law*, trad. Rebecca Schweiger, 2nd ed., Hart: Oxford, Portland, (2017).

Veludo, Joana Rola de, *MiCAR, AIFMD e DLTR: Os criptoativos e as DLT e a sua aplicação aos mercados financeiros, em especial, à gestão de ativos*, em João Vieira dos Santos/ João Luz Soares/ Martinho Lucas Pires/ Guilherme Maia (coord.), *MiCA – Estudos sobre a Nova Regulação Europeia de Criptoativos*, Almedina: Coimbra (2023).

Vermaak, Werner, *What Is a Node?*, Alexandria CoinMarketCap, (2021), acessível em: https://coinmarketcap.com/alexandria/article/what-is-a-node#toc-what-is-a-blockchain-node- (último acesso em 29 de setembro de 2023).

World Economic Forum, *Decentralized Autonomous Organizations: beyond the hype*, (2022), acessível em: https://www.weforum.org/whitepapers/decentralized-autonomous-organizations-beyond-the-hype/ (último acesso em 29 de setembro de 2023).

Xu, Xiwei et al., *A Taxonomy of Blockchain-Based Systems for Architecture Design*, (2017), acessível em: https://doi.org/10.1109/ICSA.2017.33 (último acesso em 29 de setembro de 2023).

ÍNDICE IDEOGRÁFICO